我是地主我怕谁

斗地主高手独家必修课

韩珺　苏兮　著

北京日报报业集团
同心出版社

图书在版编目（CIP）数据

我是地主我怕谁 ： 斗地主高手独家必修课 / 韩珺，苏兮著．—北京：同心出版社， 2015.5

ISBN 978-7-5477-1536-9

Ⅰ．①我… Ⅱ．①韩… ②苏… Ⅲ．①扑克－基本知识 Ⅳ．①G892

中国版本图书馆 CIP 数据核字（2015）第 078895 号

我是地主我怕谁：斗地主高手独家必修课

出版发行： 同心出版社
地　　址： 北京市东城区东单三条 8-16 号 东方广场东配楼四层
邮　　编： 100005
电　　话： 发行部：（010）65255876
总编室：（010）65252135-8043
网　　址： www.beijingtongxin.com
印　　刷： 廊坊飞腾印刷包装有限公司
经　　销： 各地新华书店
版　　次： 2015 年 5 月第 1 版
2015 年 5 月第 1 次印刷
开　　本： 880 毫米 ×1230 毫米　1/32
印　　张： 6
字　　数： 100 千字
定　　价： 29.80 元

序

苏兮

作为地主，你在几手牌之后才能基本准确地知道剩余牌张的分布？

作为农民，你在几手牌之后才能基本准确地知道地主剩下什么牌？

作为农民，你在几手牌之后才能基本准确地知道另一个农民剩下什么牌？

作为农民，你什么时候能够决定你和另外一个农民谁负责阻击，谁负责先跑？

打完 20 局牌后，你能对出过的所有牌完全复盘吗？

看完这些问题之后，我只能说我不会斗地主！

斗地主好像谁都会打，即便不会也能在三分钟之内顺利掌握出牌方法。但谁又能真正掌握斗地主的全部精髓呢？谁又敢说自己是真正的斗地主高手呢？有些人认为斗地主靠的是抓好牌，靠的是底牌能把自己手中的 3467 补上一张关键的 5，靠的是炸弹，靠的是一对王。其实，能赢牌和能出对每一张牌完全不是一回事。抓到好牌也许就能赢牌，但抓到一手好牌却不能保证你出的每一手牌都是对的；出对每一手牌也不能保证一局牌的输赢，但从总体来讲能保证赢的总局数。

“斗”地主，这是这项牌类运动的精髓。我们随意打开十副三明手的牌例，叫牌后让大家都明手出牌，也就是农民能看到地主的牌和另外一家农民的牌，同时地主也能够看到两家农民所有的牌。在这个设定的前提下，大家按最为正确的方式出牌，最后不难发现，地主会输掉大多数牌局。这个结果好像会让大家大吃一惊，但细分析原因后都会点头称是。首先，地主手中 17 张牌加上底牌三张共 20 张牌，农民两家共 34 张牌，显然 34 张牌的组合多数情况下会比 20 张牌的组合实力更强，或是大牌和控制牌的数量更多；其次，地主有 20 张牌，要把 20 张牌全部出光所用的手数比某单个农民的 17 张牌出光的手数要多的可能性会更大。基于上述原因，地主输的可能性一定比农民大得多！我们似乎大致明白了这项牌类运动的核心价值观就应该是“斗”了。也就是说如何能斗赢地主才是真正的目的，而且从理论上来讲农民就应该占据了天时地利人和，且应该能够斗赢地主。

回到现实生活，我们却发现了与上述理论截然不同的结果：一是大家都争先恐后抢做地主；二是做地主的胜负往往决定了全局的总体胜负。差异如此之大，让人忽然有丈二和尚摸不着头脑的感觉了。

斗地主的最高境界就是“斗”，这个命题一定是对的，如果要想成为一个真正的斗地主高手必须先记住这个结论。现在我们继续剖析“最高境界”与现实大家所看到的结果之间的差异。“人”以及人的差异性是根本症结。地主是一个人，而农民是两个人。地主的所有决策都是独立完成的，他决定了自己该如何开牌、什么时候盖牌、什么时候忍让、什么时候去拼、什么时候放弃。农民是两个人，两个人都是具有独立思考能力的，都是靠自己的判断来选择每一手牌是盖上还是放过。农民是两个人，这就决定了他们之间如果步调不完全一致，就不可能完全充分利用大牌和控制牌多于地主的整体优势，就不可能配合得天衣无缝而无往不胜。说到“配合”，大家已经多半看出了斗赢地主的瓶颈就在于两个农民之间能能配合到好像一个人那样。

斗地主不是一项单兵作战的游戏，实际上是一项搭档游戏。而它又不可能像其他搭档类运动那样，做到搭档之间长期配合形成完美默契。陌生的搭档之间没有因长期配合而形成的互相信任，所以没有信任的搭档是绝对不可能形成好的配合的，也就更谈不上默契配合了。但是否能够真正成为斗地主的高手，这一关是必须要过的。

能够让搭档信任最重要的一点就是你出的牌要牌语清

晰，让你的搭档能够读得懂，搭档读得懂你的牌自然会找出和你沟通的桥梁。牌语清晰首先要“对”，其次是要“明”。如果你总不能正确判断局面，每次出牌都是错的，即便信息准确地传达给搭档也是毫无用处。长此以往还会大大降低信任度，导致无法正常配合形成单兵作战，自然无法有力抵抗住地主强大的攻势。如果你判断正确，行牌的节奏和方式却不能明了地表明你的牌力和思路也是枉然，搭档看了一头雾水，不知该如何回复，最后做出的决断也一定是错的。

成为高手不是一蹴而就的，需要从一点一滴学起，实际上要学的东西很多很多。简单一个问题：“你会叫牌吗？”“我双王必叫！”“我四个 2 必叫！”“我……”

叫牌是斗地主的第一步，第一步走好了才能继续按正确的道路走下去，否则无疑会南辕北辙。这本书首先总结出了一套叫牌规则，大家按照规则可以计算出自己是否该叫牌，甚至该叫几分。学好这一规则，我们会继续引领大家学习如何做地主，如何做农民，以及各个位置、各个行牌阶段的具体战术与技巧。同时，我们也会告诉大家一些记牌以及分析牌型与牌情的方法，进而让大家知道如何能更快地掌握对手的准确信息。

成为真正的高手好像有点遥不可及了，但千里之行始于足下，就让我们这本书开启你走向高手之路吧！

前　言

韩　珺

演员说："人生如戏，假亦真时真亦假。"运动员说："人生是心态，赢的是别人，输的是自己。"棋手说："人生如棋局，一招走错，满盘皆输。"作为一个牌手，我也说："人生就是大局，时机和舍得。"

牌，是我一生的钟爱，尤其是2012年到2014年这三年的比赛经历，又给我的牌手生涯刻上了不可磨灭的印记。赛场之外，牌局就是娱乐，赛场上的牌局真的就像人生，喜怒哀乐，百态百味，无不贯穿其中。失败过、痛悔过，当然也成功过，眼泪和欢笑同样可贵，失败与成功都是付出。

近几年斗地主风靡全国，各个地方都涌现出很多高手，对于牌理，对于输赢也都有自己的见解。现在我来出一道题："你是农民A，尾盘的时候，你的同伴剩有6张牌：4666610；地主有4张牌：2279；你作为同伴上家进手，对着手中的三张牌：9910，你出什么？然看着牌所有人都会异口同声地说：“拆 9。”如果你的眼中只能看到自己的牌呢？你可以了如指掌地拆掉一对 9 让同伴过牌，最终完成赢炸的加倍吗？如果你说“我可以”，那么这本书对你而言就是“此处略过 6 万字”。如果你做不到，那么请你和我一起从头读起，只要书里说的你都能领会而且做到了，我相信有一天你会说“我可以！”

目 录

第1章

大家都会斗地主

这里讲的斗地主是纸牌游戏，而不是曾经万人瞩目的阶级斗争。斗地主游戏起源流行于湖北，如今已风靡整个中国，在互联网上被广大玩家喻为“国粹”。

1.1 “二打一”

中国地大物博，地域差异不仅体现在语言人文上，还体现在斗地主的游戏中，各个地理方位的玩法大不相同，从二斗（即 2 人斗地主）到六斗，从一副牌到三副牌，方法不一，各有各的规则，各有各的乐趣。本书中重点介绍的是三个人一副牌的打法，俗称“二打一”。

关于如何玩好斗地主，很多高手、大家已经根据技术和经验相继总结出多种可以出奇制胜的技巧与方法，但实践牌型相对较少，不够直观。因此本书只是想根据实践牌例在叫牌、开牌和行牌上为广大爱好者提出参考建议，希望对斗地主爱好者有所帮助和提高。

1.2 规则与术语

每种牌类游戏都有相应的规则与术语，不完整地了解这些就无法顺利地进行游戏。斗地主虽然类似简单的争上游，但其规则和术语也不可忽略。

一、游戏规则

该游戏是三人个玩一副牌，具体规则如下：

(1) 发牌：每个玩家发 17 张牌，留三张底牌。

(2) 叫牌：首先系统翻出一张明牌，获得明牌的人开始先叫牌，每人只能叫一次，叫牌可以叫 1 分、2 分、3 分或不叫，叫最大分数一方为地主，其余两家为农民。

(3) 出牌：首先展示三张底牌并交给地主，由地主开牌，然后按逆时针顺序依次出牌，可选择 PASS 或按规则出牌。双方对战，先出完的一方为胜方。

二、专业术语

专业术语是根据牌张分布定义的，有以下几种：

(1) 火箭：即双王。

(2) 炸弹：四张同点牌，如四个 3。

(3) 单牌：单张牌，比如 3。

(4) 对牌：两张点数相同的牌，比如两个 3。

(5) 三张牌：三张点数相同的牌，比如三个 3。

(6) 三带一：三张同点牌加一张单牌，如三张 3+ 单 4。

(7) 三带二：三张同点牌加一对牌，如三张 3+ 对 4。

(8) 顺子：五张或更多连续的单牌，如单 3+ 单 4+ 单 5+ 单 6+ 单 7。不包括 2 点和双王。

(9) 连对：三对或更多连续的对牌，如对 3+ 对 4+ 对 5。不包括 2 点和双王。

(10) 飞机：两个或更多连续的三张牌，如三张 3+ 三张 4+ 三张 5。不包括三个 2 点。

(11) 飞机带翅膀：飞机 + 同数量的单牌（或同数量的对牌），不包括三个 2 点。

(12) 四带二：四张牌 + 任意两张单牌（或任意两对牌），如四张 5+ 单 3+ 单 8 或四张 4+ 对 5+ 对 7。

(13) 春天与反春：地主出完手里的全部牌，而两个农民一张牌都没出去称为春天；反之，地主只出了一张牌，就再也没有机会，被农民出完了手里的牌称为反春。

(14) 门板：地主的上家，用来守门的。简单地说就是让他的上家过小牌，门板用大牌挡住，这样地主就过不了小牌了。

三、牌型大小

火箭最大，可以打任意牌型。

炸弹比火箭小，比其他牌型大。都是炸弹时按牌的点数比大小，2 最大。

除火箭和炸弹外，其他牌必须要牌型相同且总张数相同才能比大小。

单牌按点数比大小，依次是：

大王 > 小王 >2>A>K>Q>J>10>9>8>7>6>5>4>3（不分花色）。

对牌、三张牌都按点数比大小。

顺牌按最大的一张牌的点数来比大小。

飞机（带翅膀）和四带二按其中的三顺和四张部分来比，带的牌不影响大小。

第 2 章

心术大战

斗地主行牌规则简单易学，适合的年龄阶层与场合比较普遍，但如果想玩得惊艳，还是个高难度的问题，既需要资质，又需要后天努力。这样的前提，很多人会不以为然，觉得我们把玩说得像攻克一门学问。玩确实不是学问，但能把纸牌游戏玩到精准，真的是一门不小的学问。

斗地主的资质首要就是心术，所谓心术是指一个人内心产生一种思想、才智或意指，是心态和心理战术的综合。

2.1 心态

哲人说：“你的心态就是你真正的主人。”只要是竞技，一定离不开心态的左右，大到长长的奥运跑道，小到浓缩于一点的纸牌牌桌，不同的人群与不同的竞技环境自然就会产生不同的心态。相同的一手牌，不同的心态往往会造成迥异的结果。所以时刻保持放松和稳定的心态是十分关键的。

下面我们用同一牌例的叫牌，来说明一下不同场合不同心态下的结果。

牌例 2-1

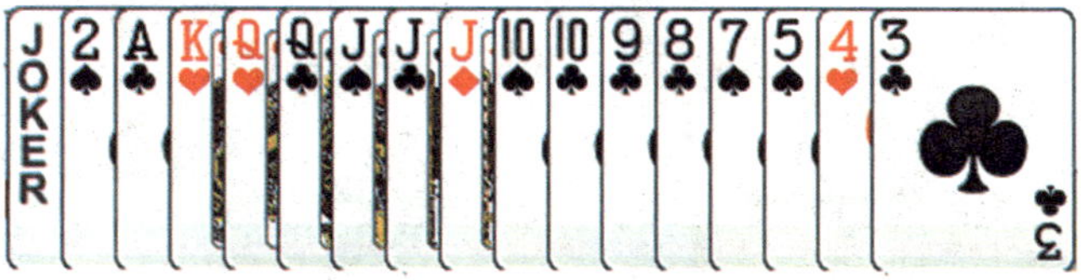

一、线下比赛

线下比赛就是指脱离网络的实体比赛，多见于大型比赛，比如全国锦标赛等，参与人多，环境杂乱，容易造成心理紧张。牌手真正面对面地坐在牌桌前，优势是可以察言观色，捕捉临场信息，但对于喜欢安静思考的牌手，则是个劣势。

比赛过程中，牌手拿到这样的一手牌，一定会选择PASS，断 6 是个硬伤，如果底牌无补，那整手牌就成了垃圾牌，没有人敢在大的比赛中去赌底牌，因为一失手就会万劫不复；作为防守，牌型结构也相当一般，最多为同伴做一点阻击，由此可见线下比赛拿到一手这样的牌，就等于抽了下下签。

二、线上比赛

线上比赛就是网络比赛，一般牌手都会处于比较安静的环境，有助于思考，容易打出经典牌局。如果系统发出这样一手牌，可以选择叫 1 分，激进一点的牌手也可叫 2 分，只要底牌能补个 6，没有断张，又比较流畅，整体牌型靠近中等，能过一张单牌就有赢局可能。当然底牌要是再能有个 2 或王就是尽如人意了。网络赛基本都是游戏平台，输赢比较随意，大不了重新开始，损失的只是游戏币，所以在心态上会占一些优势，可上可下的牌多会选择博一把。

三、欢乐斗地主

朋友聚会，家人消遣，这样的环境多以娱乐为主，比较随意，更多地体现了斗和乐。同样拿到这手牌，大多数都会想都不想就叫 3 分，赢可赢在技术，输也可输在欢乐。

2.2 战术

不管是庄家的主动进攻，还是闲家的防守反击，捕捉心理，利用攻心战术是战役打赢的最佳装备。

一、洞察

每局发牌完毕，牌手拿到自己的手牌，此时就开始了一场“二打一”的严酷斗争。开局的依据不多，首要的就是洞察，察什么呢？叫牌的快慢，聪明的牌手可以根据叫牌的快慢再结合自己的手牌，大致估算出对方的牌力，以此制定相应的攻防计划，争取斗争的最终胜利。

二、调整

几轮牌出罢，突然发现实际情况跟自己预估的相差甚远，明明预想的是对方出单，自己直接封 2，一把顺子打个反春，却发现地主对子得了天下，眼看就是春天了。此时就是手中的牌再顺，拆房子卖地也要争取一手牌，不可意气用事，因小失大。

三、诱敌

身为地主，手中小对过多，过牌较难，如果首出对子，就会被农民识破。出个小单，然后在门板顶牌时选择让牌，且在对方送对牌自己过小对被压时故意卖个破绽，给对方错觉，敌人定会再次送出对牌，那样就可以赚得利益。此诱敌深入被视为妙法，但要合理运用。

四、震慑

这个战术多用于农民间的配合，在门板用 10 以上的大牌顶住地主的小牌时，另一家在条件允许下应该接牌，增加震慑力。这在很多时候，会使地主产生慌乱情绪，拆王或者把炸弹变成 4 带 2，为己方赢得利益。

五、忍让

心上悬刀，从字的结构上就能知道做起来有多难，可不忍一时就要接受无法忍受的结果，两者相比哪个更容易呢，大家一下就能评判得出。忍让主要表现在两个方面：其一，忍叫牌。很多牌手拿个大王就心痒，不管牌型如何，都会忍不住叫个3分，使很多防守赢牌变成自己无法释怀的滑铁卢，所以叫牌时要根据牌型，忍一时的心中雀跃十分必要。其二，忍压牌。无论身处哪个方位，持有大牌的牌手都必须要做到，打蛇要在七寸，火箭也好，炸弹也好，掌握好时机才能发挥出其应有的作用，激进地胡乱打出，只能作为反面教材。

六、引爆

众多的棋牌游戏都被称为战争，但无论是楚河汉界，还是台上庄下，都是一个没有硝烟的战场。只有斗地主，伴有火箭炸弹的铮铮作响，我觉得称其为棋牌室中的“CS”也不为过。

由于火箭炸弹的翻倍积分，使用起来刺激又可挣得利益，所以每个牌手都会对其有着不是一般的期盼。在接近终局时，如果手中全为敌人无力可破的大牌，又根据断张计算出炸弹的存在，很多牌手就会把大牌拆开出，去引爆炸弹，争取双倍的收获，比如在双王已出的情况下两个2先出一个，留守一个，让敌方认为剩有一张小牌，而扔出炸弹，意识到上当为时已晚。

心态再沉稳，战术再精明，没有好的技术配合也不可能打出十分精彩的牌局，也不能算是一个上佳的牌手，所以下面一章我们开始分析技术层面。

第3章

初露锋芒

叫牌是战争开始的最初阶段，每个牌手都有一个类似于竞拍的机会，只不过分高的可以直接落锤。有经验的人会从这个阶段分析出有利于整个牌局的信息，以至于可以让自己处于主动位置，因为牌的强弱和牌手的技术在这一阶段初露锋芒。

3.1 积分叫牌法则

牌张有多种排列组合，这些组合可以根据强弱、结构区分为不同的牌型。除了毫无点位以外，牌好牌坏通常没有固定模式，优劣评价一方面来自于17张牌的整体结构，一方面来自选手的感觉和自身认知。

有些在牌上感觉很好的牌手，无论叫牌和行牌都能顺理成章，但对牌感为何物无从知晓，每次拿到牌就像不会数学的人遇到X、Y，简单易行的还好，结构稍复杂的就难以求解。针对于此，我们设计了一个牌型公式，希望可以给广大爱好者一点帮助，初期记起来可能会相对困难，延长叫牌所用时间，但凡事都可以熟能生巧。这个叫牌法由以下两个部分组成。

一、牌体结构

拿到一手牌，首先看牌体结构，17张牌能分几手出完就积几分。不用考虑具体行牌中的客观复杂情况，只需要用最主观的方式判断就好。积分越少，证明手牌结构越好，但计算时炸弹不能带牌。没有 2 或者王的大牌控制牌权，加 2 分。这样叙述可能会让大家云里雾里，不知所云，下面举例说明一下，应该可以一目了然。

牌例 3–1

分析：这手牌结构比较清晰，分 6 手就可以出完，积 6 分。

牌例 3–2

分析：这手牌应该有个小小的争议，就是出 33445566 的连对呢？还是出三个 4 的三带，如果出三带，带单呢，还是带双呢？这都是不确定因素，直接影响积分。但在叫牌初期，我们不用顾忌那么多，只是简单易行就好，因为行牌中的不确定因素谁也无法预测，经常有为管上对方的对子，而把通天顺子变成 5 到 6 张单牌的情况，所以我们在算牌体结构分的时候就可以算连对，这样决策起来比较明朗化。这手牌具体的结构分应该是出 8 手积 8 分。

牌例 3-3

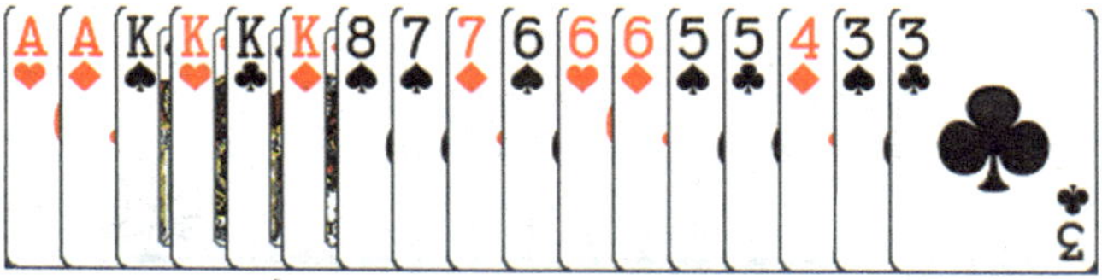

分析：这手牌应该分 7 手出完，但没有王和 2 的牌权控制，要加上 2 分，所以牌体结构分应该为 9 分。

二、牌张组合

前面说的牌体结构是我们所总结公式的第一部分，第二部分就是牌张组合，不同的牌张记分如下：

大王：2 分。

小王：1 分。

炸弹：2 分。

单 2：0.5 分（4 个 2 组合可增值到 3 分）。

三张大于 10（飞机按两个三张积分，以此类推）：1 分。

三张小于 10（含）：0.5 分。

连对：1 分。

绝对大的顺子：1 分（含到 A 的和断张已经看到的，比如自己四个 A，那 910JQK 就是最大的）。

最小张为 8 以上五张顺子 (8910JQ 以上)：0.5 分。

普通 6 以上顺子：0.5 分。

对子（J 以上不含 2 和王）：0.5 分。

其他牌张不计分。

还是举例说明。上面的牌例 3–1，牌张组合分就应该是 4.5 分，即小王 1 分，单 2 为 0.5 分，对 A 为 0.5 分，3 个 K 为 1 分，对 J 为 0.5 分，顺子为 1 分，1+0.5+0.5+1+1+0.5=4.5。

整体结构分 = 牌体结构分 – 牌张组合分。

牌例 3–1 总分 =6–4.5=1.5 分。

牌例 3–2 的牌张组合分为 4 分，总分 =8–4=4 分。

牌例 3–3 的牌张组合稍稍有些复杂，因为它的小牌结构密集而且集三带和小顺子为一身，那到底按哪个类型积分呢？其实都可以，但是只能加一个类型的分，如果加了顺子的 0.5 分，就不要加三带的，这个很简单。具体积分为：对 A 为 0.5 分，K 炸弹 1 分，3 个 6 为 0.5 分，那牌张组合分就是 2 分，总分 =9–2=7 分。

再次要提醒大家的是，分值越小，越是好牌，因为咱们是以出牌的快慢为基点的。

公式可为初学的牌手一些启示，也为中级牌手起到了一个引导的作用，当然也欢迎资深者试用，并提出意见和建议，以便更加完善，使大家在开局叫牌阶段逐渐走出误区。个人认为5分（含）以下的可以开始叫牌，至于具体叫几分，我们在以后章节具体分析。

3.2 固若金汤

这节所介绍的是几种强牌类型，开叫3分毫不犹豫。固若金汤说明城池的坚固，那么手牌结构的固若金汤是什么样呢？首先牌的整体分值在2.5分（含）以下，然后还同时具备以下几种情况之一。

一、龙城飞将

双王和四个2在斗地主中被称为“龙城飞将”应该一点不为过。首先双王成为火箭，除了有翻倍功能以外，即便拆了也是最大的赢张，对于持有双王的牌手，首叫3分刻不容缓。

四个2因其拆打至少可拿到两个牌权而区别于其他炸弹，仅次于双王，偶尔在同时持有一个王的情况下还会发挥更大的效力，所以也是3分牌型的首选。

牌例 3–4

分析： 这手牌属于最简单的牌型，双王加三个 2 的组合坚不可破，无论底牌怎么补都可以赢炸，更有 -1 分的整体结构超级低分，是首叫 3 分的最佳牌型。

牌例 3–5

分析： 整体结构 2.5 分，四个 2 在手，即便底牌无补，拆打也可赢局，3 分没有问题。

二、一夫当关

比起其他牌型，炸弹给斗地主这个游戏赋予了更多的热情和色彩，它存在的趣味性甚至超越了双王。双王可拆可炸但不能带牌，因为有了四带二这个规则，使得炸弹除了可以和火箭拼效力，还可以和飞机拼速度，所以在有力的牌型配合下，炸弹起着一夫当关，万夫莫开的强大作用。

牌例 3–6

分析：牌型结构轻巧，没有大牌，却简单流畅，结构分低至 0.5，四个 4 起了出奇制胜的强大效力。如果没有这个炸弹，就没有起叫能力。此时叫 3 分应问题不大。

三、强将强兵

没有火箭和炸弹，可大牌偏多，结构完整，单双和三带均不失控。兵来将挡，水来土掩。

牌例 3–7

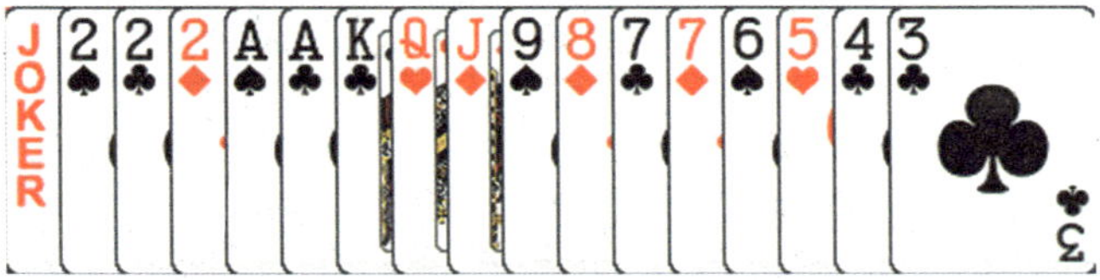

分析： 牌型结构分为 2.5 分，从牌面上看也很顺，断 10 是个需要注意的小问题，如果底牌有补，还可意外惊喜。开叫 3 分没有问题。

四、水上飘

看到这个词，很多人可能都会想起《射雕英雄传》中的铁掌水上飘裘千仞。他和斗地主难道有渊源吗？其实没有。水上飘的确是知名的轻功，之所以放到这里是想说明这个牌型的轻巧和顺畅，完全不费力的四两拨千斤。绕了这么大一圈，卖了这么多关子，何谓此牌呢？就是顺子，持有一个长顺子加一个牌权，就可轻松搞定一局，把三个 2 在手的农民急得团团转，根本使不上力气，既可以赢牌，还长自己的士气，一举两得。

牌例 3-8

分析： 很唯美的一手牌啊，一个通天的顺子，没有断张，大王的至高控制，对 A 既可防对，又可探清外面其他三个 2 的分布。牌型整体分也低至 2 分，怎么看都是要叫 3 分的。

五、首尾呼应

写文章讲究首尾呼应，打牌也一样，类似争上游规则的牌类游戏都讲究打牌要有回牌，也就是你首先打出的是对子，手里就要有大对可以做控制，这种确实完美。但完美的事情总是可遇不可求，所以如果遇上可以首尾呼应的牌型，也可以叫个 3 分。

牌例 3–9

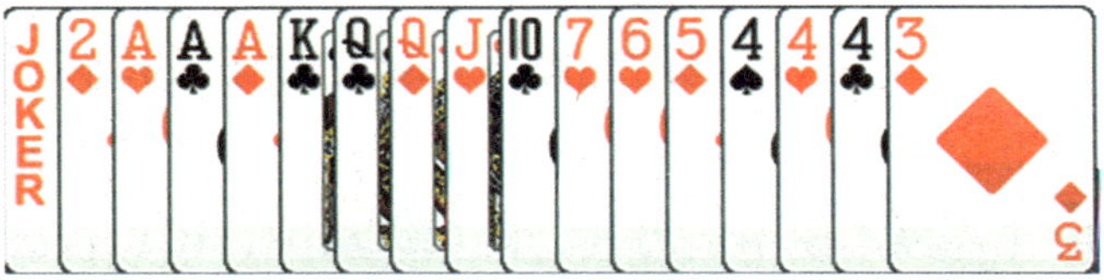

分析：整体牌型总分为 3，两个 5 张顺子，后面的为顶天，可做控制回牌，一对 4 也有对 A 可回，大王在手做单牌控制，可做 3 分开叫。

六、飞得更高

飞机是斗地主里面最特殊的牌型，其特殊性在于它可以长出翅膀，把不好过的小单牌和小对子带走。所以如果拥有这个牌就等于安了一个加速器，飞得高，跑得远。

牌例 3–10

分析: 手牌整体结构分为0.5分，有飞机已经是加速器了，外加一个三带等于把速度提到了最高点，至高牌权大王加盟更确保了万无一失，所以非3分莫属。

3.3 奋力一搏

前面一节我们列举了很多可以开叫3分的牌型和积分，那么是不是不符合这种牌型或者高于这些积分的就都不能叫呢？也不尽然，这一节我们就列举一些可以奋力一搏的牌型，也就是积分超过2.5分，可有某一部分结构为强势，叫了3分。有的牌手可以用技术弥补，有的可以用底牌弥补。但是至于在实战中能不能开叫，还要看牌手的整体素质和技术能力。

一、点睛之博

牌型结构大牌较多，但是 10 以下小牌中间断张，不能连打，补上这张，积分就有可能下降 2 到 3 分，可见这张牌的重要性不亚于画龙点睛，所以称为点睛之博。

牌例 3–11

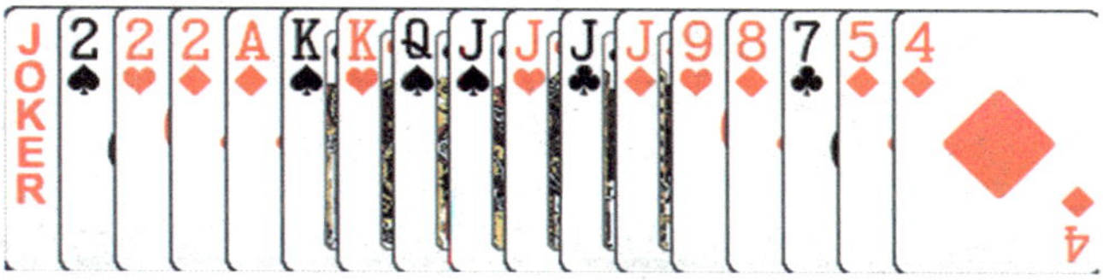

分析：这个牌例牌型结构分高为 4 分，但大多选手拿到以后都会毫不犹豫叫 3 分，三个 2 一个大王加上四个 J 的超强势组合，确实可以掩盖断 6 的硬伤，求得底牌一补，即便补不上，也可用四带二弥补，所以叫牌没商量。

二、阻断升级

牌型分值不够，牌张也略显单薄，但持有一个关键张炸弹，比如 5、9 等，阻断了敌人小牌的连续性，同时升级了自己手中小顺子为一个牌权，这样的牌型可以考虑博取 3 分。

牌例 3–12

分析：牌型结构分为 2 分，乍一看这样的牌起叫 3 分略显吃力，但自身带有一个 9 炸，使得 345678 的 6 张小顺子升级为最大，加上大王的组合拼叫一把也是值得。

三、强将弱兵

手牌整体大牌偏多，但是 10 以下小牌结构散乱，凡事都有双面性，这种牌型往往对底牌要求不是很严格，上什么牌都会降低积分，所以也可博叫 3 分。

牌例 3–13

分析：这幅牌牌型结构分为 4 分，不够 3 分起叫标准，

三个 2 一个小王的联合若被弃打十分可惜，对于控牌能力较强的牌手叫个 3 分还是可以的。

四、配合牌型

大王两个 2，注定的强势，剩下牌张配合只要不是太弱，即便积分稍高也可叫个 3 分。

牌例 3–14

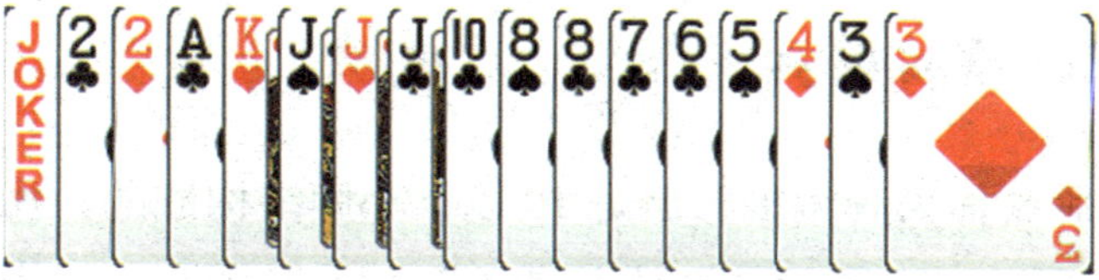

分析： 牌型结构为 3.5 分，不够起叫 3 分，但综合手牌并不难看，单 AK 和三个 J 都非常容易过牌，加上首出的牌权，赢得胜局不是难事。

3.4 弱势叫牌

在斗地主这项游戏中，牌的好坏对于胜利的几率往往起了决定性作用，很多牌手拿到手牌，没有看见王和 2 的组合，就完全放弃了希望，把自己的位置提前锁定于一个没有抵抗力的农民，这样从气势上就已经输掉了一半。要想成为一个相对于其他人技高一筹的牌手，就应该从拿到手牌后开始详细地分析。试想如果只有 3 分可叫，那为什么还要设有 1 分和 2 分的规则呢？所以有的时候弱势开叫也可以拔得头筹。

一、2 分实力

我们先说 2 分之所以逊于最高分值 1 分，逊色在哪呢？第一，牌力稍差是一定的，没有十拿九稳的牌，也不够开叫 3 分的牌型结构积分；第二，没有好牌导致的牌手心力不足也是重要影响原因；第三，牌手本身实力水平也会影响叫分，比如例举的那些奋力一搏的牌型，很多技术薄弱的牌手就会开叫 2 分，这是很自然的现象，虽然少叫 1 分，但叫个自信，叫个踏实，只有这种心态的稳定，才能顺利打赢，总比战战兢兢输个 3 分来得实惠。

从另外一个层面来解释，首叫的牌手开叫 2 分，位于后置的如果牌型稍显勉强就会放弃超叫，避免风险，2 分就有了低价抢底的优势。还有就是如果有人叫了 3 分，那么可以告诉同伴我的牌是可以叫 2 分的，在配合之前先有了点可以依据的信息。

用我们的积分叫牌法则，叫 2 分的应该在哪个区间呢？我认为低于 2.5 到 4.5 分（含）可叫。

牌例 3–15

分析：这手牌的总体结构居中，牌型结构分为 4 分，大王和首出为两个固定牌权，对 K、对 J 都比较好过牌，加上长顺子的配合，开叫 2 分应该比较客观。

牌例 3–16

分析：牌型结构分为 4.5 分，全是对牌，其中 AAKKQQ 为连对，加上对 2 在对子上基本可控，如果底牌补上三带也是乐事，由此可开叫 2 分。

牌例 3–17

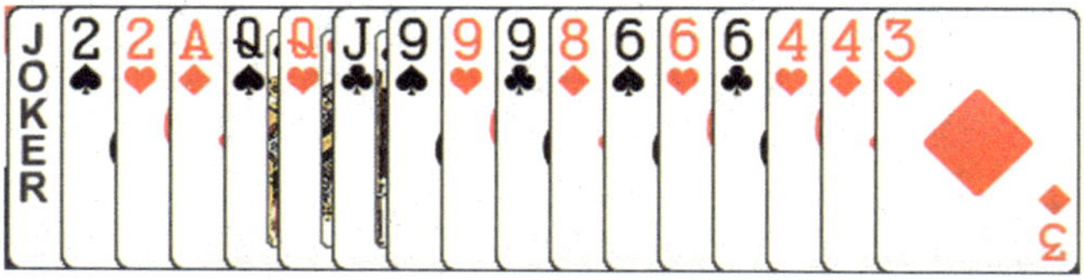

分析：牌型结构分为 4.5 分，两个三带无疑给整体牌型起了加速的作用，对 2 的至高牌权也是个亮点，叫个 2 分绰绰有余。

牌例 3–18

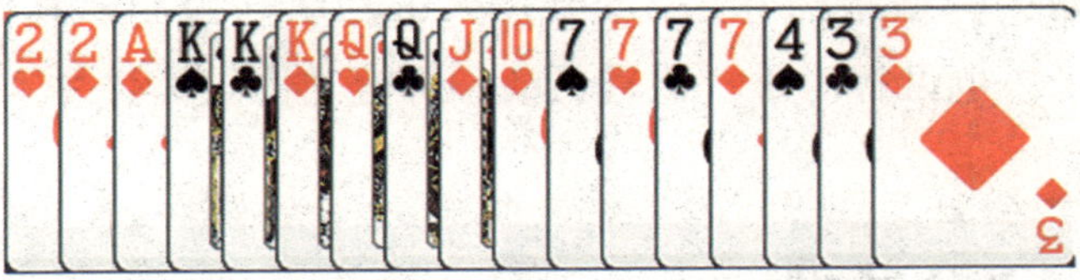

分析：牌型结构分为 3.5 分，对 2 为至高牌权，又有四个 7 的炸弹配合，综合实力比较强劲，可叫 2 分。

牌例 3–19

分析：牌型结构分为 3.5 分，长顺三带都属于轻巧型牌，两个 K 又是好过的大对，虽没有 2 和王，也应该属于带有首出牌权的实力牌型。

牌例 3-20

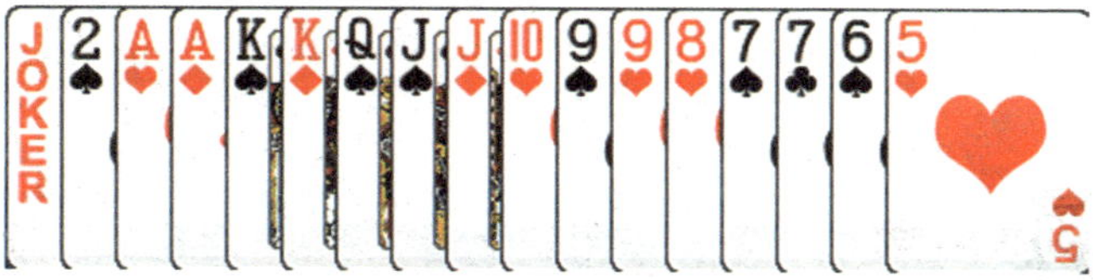

分析： 牌型结构分为 3.5 分，大王是至高控制，其他牌可打顺子，也可打对子，比较灵活，综合实力较为强劲。

二、1 分试叫

1 分被很多牌手排斥和不屑，因为在某种程度上它完全不能左右牌局的走势和输赢，但我们不能完全无视它的存在。相比之下，掌握 3 分是件容易的事，成功地把握 1 分才真正需要实力和经验。

1 分的叫牌比较随意，很多牌型都可以，只要不是完全无控的，对于牌型结构分也比较宽松，基本由牌手的性格和状态决定。除了赌底牌可以加力以外，也有叫 2 分同样的作用，就是给同伴暴露信息。

牌例 3-21

分析： 炸弹小王长顺子，牌型结构分为 3 分，开叫 1 分理所应当。

牌例 3-22

分析： 5 分牌型结构分，两个三带起了加速的作用，2 和小王至少一个牌权，可以叫 1 分。

牌例 3-23

分析： 牌型结构分 4.5 分，一个炸弹加一个三带，中间有断张，属于低端牌型，保守点的牌手可能会选择不叫，有信心的牌手叫 1 分没问题。

牌例 3–24

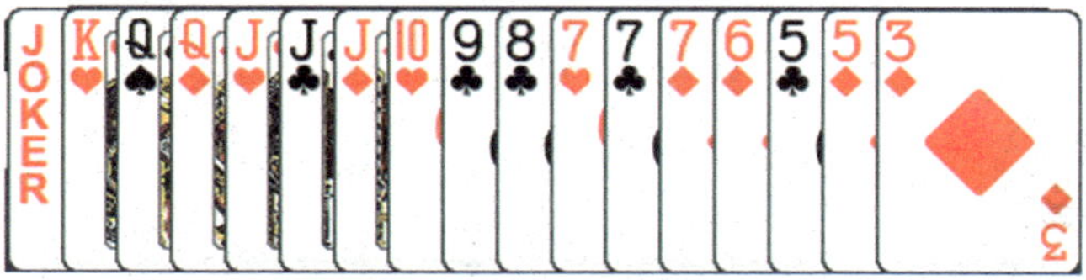

分析：牌型结构分 4 分，大王的价值有时无法估量，对某些牌手来讲见到大王是必须叫牌的。这手牌结构虽然不够完整，但对于底牌要求不是很高，补个 2 就属于可打牌型，所以叫 1 分也没有问题。

3.5 位置

叫牌是斗地主游戏最重要的开端，叫保守了会失去很多一举制胜的机会，叫激进了又会出现马失前蹄的无奈，所以研究起来就必须方方面面都考虑到，不能忽略任何一个能带来影响的因素。位置是个很重要的因素，同一手牌处于不同的位置，叫的分数往往会有些区别，而且叫牌有的时候是体现实力，有的时候是为了达到一些赢取利益的目的，位置也是经常被利用的手段之一。甄别叫牌的虚实也属于技术的一种，知己知彼是个前提。

为了能把牌型展示得更加清晰客观，前面所演示的全都默认了首叫。那么处于 2 号位和 3 号位的叫牌方法呢？在此我们也简单地研究一下。

一、次位叫牌

这是三个人里最不理想的位置，既无先机可言，也没有全面的敌情作为参考，凡事只能靠自己了。

1. 前位 2 分

叫 2 分，不是有王就是牌型整齐，当然也可能持有炸弹，自己手牌若为 3 分强牌，注意一下断张就可以，不必太有顾虑。但要是博叫或者 2 分牌型，就要考虑清楚输赢情况、整体环境和自身能力。三者联合，强则叫弱则过；牌型再弱直接 PASS。

2. 前位 1 分

1 分经常分两种情况，一种是实叫，真的有几分牌力，一种就是诈叫，试试后面的火力。此时要注意，不要过于自信，有时 2 分是实力，1 分反而不好分辨。断张少或者有火箭炸弹的强牌当仁不让，断张多或者实力不够强劲的不如叫个 2 分，把压力丢给下家，争取挣个廉价的底牌看看。

二、3 号位叫牌

3 号位是个喜忧参半的位置，喜的是看尽了前面两人的表演，道深者心中已经积攒了几分对对手牌情的认知；忧的是人家先机占尽，如果遇上激进的，还会枉废了一手可以赢炸的好牌。

（1）前位两人不叫，这个情况不是完全同于首叫，除了根据叫牌的快慢判定一下以外，还要根据自己的手牌客观对待。这种情形也并不意味着前两家没有实力，经常有人在此时对底牌充满期待，一个3分拿起，结果与想象大相径庭。

（2）前位有一人叫牌，此时需要区别对待，对开叫1分的仔细判别虚实，对开叫2分的则更要加以小心，勉强的牌就不要看底了，除非真有实力。

（3）前位两人均叫牌，牌手对这种情况需要慎之又慎，这往往可能是拉开一场血战的序幕。

三、常理之外

我们总结出来的都是合乎常理和较为普遍的规律与理论，那些超乎常理的大家可以不去探寻，却也不能够忽略。以下两种情况，跟位置毫无关系，却也经常关乎着不同角色的胜利与失败。

1. 地主情结

有些牌手很喜欢当地主，不管牌型和结构，拿起牌就是3分，这样的情况被我们称为地主情结，不在统筹的范围之内。大家在牌局之中如果遇到这样的牌手，也不做常理研究就可以了。

2. 把“斗”进行到底

跟上述情况相反，有一部分牌手认为斗地主的宗旨就体现在“斗”。牌越好，越想留有一手，好给地主以血的教训，这样的牌手在哪个位置都不会叫牌，与这样农民为敌的地主只能自认背运了。

3.6 法外情

人有千差万别，性格心态各不相同；牌有千变万化，组合排列层出不穷。要想把这无穷变化归纳于一点一线，确实难上加难。我们前面举了几十个牌例，能表现的也只是一个片面，客观因素都不能尽含，主观因素更是数不胜数。

我们发明了叫牌积分法则，用牌型结构分值去决定叫牌分数，设定的参数存在着难以规避的矛盾，法则越精确必然要求参数细致度就越高，也就无形增加了牌手的负担。不能说让每个牌手都带一个计算器，发完牌先详细计算一下牌力再去叫牌，所以只能用最简单易记的参数来综合牌型实力，其间必定会忽略了一些特殊情况，此处再做一些补充。

一、牌权

一手以顺子为主的牌，牌型结构分值一定很低，这时候叫牌还需要衡量牌权。

牌例 3–25

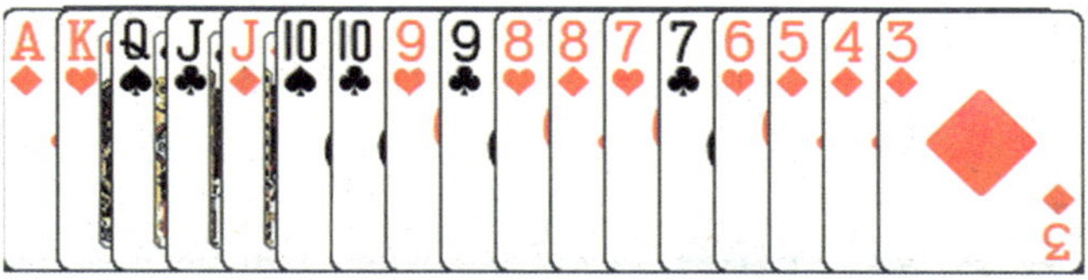

分析： 这副牌仅两手就能出完，牌型结构分为 2.5 分，按理说可以开叫 3 分，但却没有任一可进手牌权，如果首叫 3 分，必然折戟沉沙，所以牌型结构分并非万能，必要时还是要靠牌权配合。

二、断张

一看到这两个字，敏感点的牌手马上会想到炸弹，没错，确实存在着炸弹危机。除此之外，如果断的号码为 9 以下牌张，还会造成小牌张支离破碎的负效应。我们没有在法则中为此设定分值，是因为每副手牌都不能避免，而且每个断张的影响度也不同。计算精确了，实际操作起来不太现实。计算粗糙了，起不到应有的作用。还不如靠牌手临场的判断。

牌例 3–26

分析： 这手牌结构分为 3 分，对 2 的至高牌权和四个 5 的联合是叫 2 分的牌型，但断 3、9、J、A、王五张牌，给牌的整体造成比较大的威胁，如果首叫建议 1 分。要是前位有人叫过分，最好选择按兵不动，因为 5 炸的存在，别人也会因小牌散乱而降低分值。

牌例 3–27

分析： 这手牌结构分为 2.5 分，属于开叫 3 分最低限，但是断 Q 和 2 明显对牌局不利，尤其是没有 2，单牌就会失去控制，建议降低分值叫牌。

三、底牌

对地主来讲，三张底牌是优势同时也可以成为劣势，类似两个2一个王的底牌可遇难求，经常会出现235这样在碰上“豹子”才会成为天牌的小牌。这种无法预知性完全超出法则可以规定的范围,所以只能用文字在此做出说明和提示，规避风险的依据也要靠自己的手牌结构。

1. 森严壁垒

手牌结构完整，对底牌要求过于严格，如果贪图三张牌的补充，反而会与成功背道而驰。

牌例 3–28

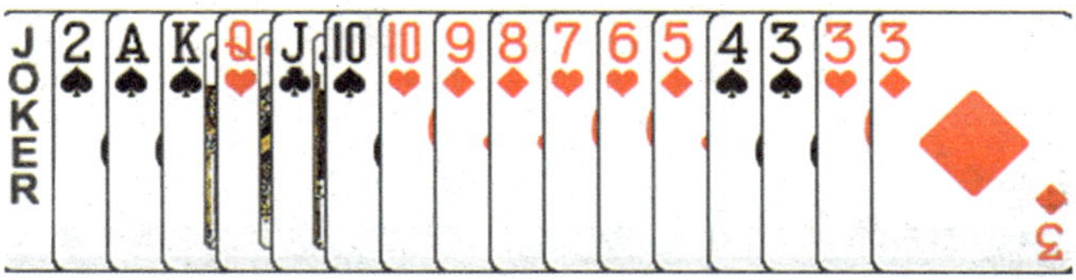

分析： 牌型结构分低为1分，按理说3分应该稳稳的，可是大家看一下牌的整体配置，三带加通天的顺子，对底牌要求十分严格，最好是K以上的大牌，10以下单牌除了3以外基本沦为废牌。试想如果作为防守，地主首开单张，是反春的最佳牌型，建议低分开叫或者不叫。

2. 女娲补天

手牌有关键断张，期待底牌来补，如果补不上很可能会丢掉胜利，补上了就是大赢，就像托有一个残破的天体期待女娲一样，这个期待可以有，几率还要自己的临场感觉。

牌例 3–29

分析： 牌型结构分为 3 分，适合叫 2 分，但是有两个至高牌权，对 2 和三个 A，如果底牌有 6，无疑就可以注定胜局，看不看底全在一念之间，建议技术与胆量稍为逊色的牌手还是选择 2 分为佳。一张牌可以成为经典，也有很大几率铸成大错。

3. 阻碍飞行

飞机是最快的交通工具，斗地主里的牌型飞机也一样，如果一手牌以三带为主，拿底也要慎重，补上的牌如果没用，反而成了累赘，阻碍飞行速度。

牌例 3–30

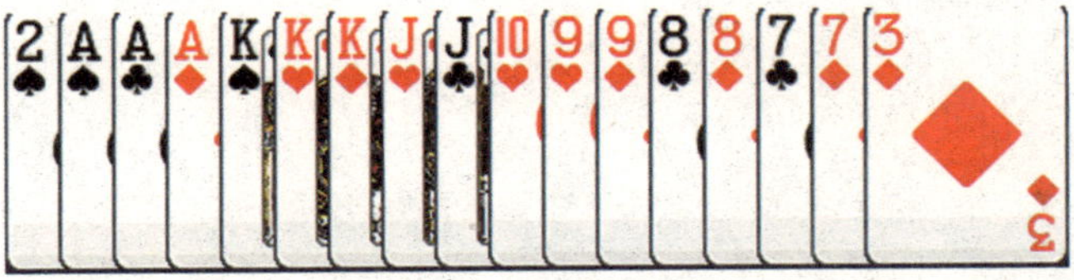

分析： 牌型结构分为负数，按理可以叫个 3 分，但这个低分完全靠的就是速度，没有单牌和对子做控制，这个牌还是要慎重拿底，低叫 1 分比较稳妥。

第4章

投石问路

很多牌手喜欢特别激进的叫牌,其原因就是喜欢当地主,这样不仅可以有三张底牌做补充,还可以拥有开牌的专利。相比之下,开牌比底牌更有诱惑力,底牌属于客观存在,优劣无从把握,经常拿在手里,伤在心上。可开牌就完全是主观意识,不用费一张大牌,就可以得到一个牌权,这才是真正的优势所在。

在游戏的整体过程中,地主很孤单,两个农民你方唱罢我登场,团结一致,轮番轰炸,怎么能在这样的声声呐喊中把整个牌局控制在自己的节奏,的确是个不小的难题,开牌尤其重要。很多时候一手好牌,看到明手怎么打都是胜利,可是首轮出错就会出让了一个反春。这当然只属于极致情况,但没有极致就不能称其为重要。一般情况,开牌像信号弹一样起着投石问路的作用。

4.1 首开单张

单张是斗地主牌型结构永恒的主题,所以是最常见的首开方式,常见不一定都是正确的,每种开牌方式都有其适合的牌型,单张也不例外。

一、过牌

手牌中单张过多,单张上控制牌也多,为了能顺利过牌,首出单张小牌。

牌例 4–1

分析：这手牌结构较零乱，虽有顺子和三带，但隐藏其中的散牌偏多，四个 2 的炸弹使三个 A 成为单牌控张，首开 3，会暴露牌型，所以首开 7 比较合理。

牌例 4–2

分析：这手牌结构比较好，有大王做单控，四个 2 在手，只要 A 偷个牌权就可赢炸，所以开单牌是必须的。

二、探牌

手牌中有单王对 2，单牌不多，并持有小对子，首出单牌，准备用 A 去探另外两个 2 的分布，以便决定自己的对牌何时打出。

牌例 4-3

分析：这手牌结构虽不够完整，但有通天顺子和对 2 的牌权，如果想顺利赢牌还要看后期怎么控制，首出单牌，过 A 探 2 一举两得，单牌应该出 6，不可先拆 4，因为 4 是三带和连对的变化关键点，留在后期看看形势，再做决定。

三、争权

小王和 2 的结构，手中单牌不多，牌型完整，需要用小王为 2 争得至高牌权，也是首出单牌的一种情况。

牌例 4-4

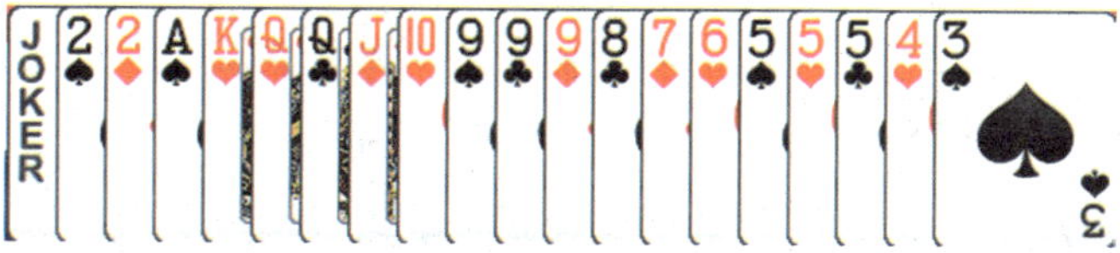

分析：这手牌结构非常完整，单牌只有 Q 和小王，很多人会选择首开对 5。仔细分析一下，会有什么弊端呢？开对 5，就会有对 9 和单 Q 两手牌要过，如果农民盖出 10 以上的对牌，对 2 不可能去打，只能让牌，局面从开始就面临失控。即便打出单牌，偷过 Q 也不是个简单的事。选择出单，回小王，地主一个 2 没露，对于牌型不整持有大王的农民来讲，经常不会选择用大王盖过。拿到这个牌权，再打对 5，回对 2，局面比较好控制一些。即便大王盖了，那两个 2 就是两个牌权，后面的牌依然好打。

四、欲擒故纵

手牌不够强劲，对子居多，没有至高牌权，如果首开为对，容易暴露自己的弱牌实力，先开单牌具有迷惑性，在门板挡牌时可以选择让牌，让对方感觉自己需要垫单牌，转出小对，趁机过牌。

牌例 4–5

分析：这手牌结构比较紧凑，中间张偏多，牌权比较少，单牌控制最为薄弱，实打必输无疑，不如开个单 6，在上家顶牌时让过。以自己的牌型结构，顺子应该不多，不管出单、对还是三带，都可以悄悄过牌。小王和 2 必有一个牌权，进手时打三带对，争取逆袭成功。

五、不变应万变

牌型结构变化偏多，对子、三带和顺子合为一体，首开形势不好选择，开一单牌，坐等静观，以不变应万变。

牌例 4–6

分析：这手牌真是包罗万象，单牌、对子、顺子、三带加飞机，首开不太好选择。如果先开飞机，对子或单牌还存在过牌难度，没有王也是个缺憾。首出 6，过 Q 或 A 应不是难事，如果打出顺子压牌要慎重，尽量放过不要选择拆飞机和三带，否则会降低行牌速度，等待最佳上手时机和方式。

六、无奈之举

强行叫牌，底牌无补，结构散乱，随便开张单牌，看看后面还有没有机会。

牌例 4–7

分析： 大王加上两个 2，应该是不错的配置，可是 10 以上大牌很少，小牌虽然有连对和顺子，其间掺杂着根本没法过牌的小单牌，这种牌型需要太多的牌权，只能首开单牌，看看后面的机会，很难赢牌。

4.2 首开对子

对子是张数最少的组合牌，介于单张和其他组合牌之间，没有单张那么随意，也没有顺子或者三带那么复杂，是频率仅次于单牌的一种开牌形式。

一、牌型需要

手牌中全是对子，但 10 以下小对偏多，此时不能使炸了，必须首开对子，要注意的是，制控牌一定要谨慎，立手之前尽量不要压出，以保证控制权。

牌例 4–8

分析： 手牌一共七个对子，开单很快会暴露单牌无控的弱势，三带没有回牌，等于把牌权拱手相让。这样的牌型只能先出小对，不用保留连对，因为单 6 等于又多了一个累赘，直接对 4 开牌，等再次拿到牌权时大家对牌打得差不多了，争取三带对可以领航。

二、控权

手牌结构类型比较多，需要边出边改变方向，前期要做到收放自如，对牌上有两个以上控制权，可以首开对子。

牌例 4–9

分析： 看到飞机是个好事，疑虑的是飞机应该带单牌还是对子呢，单牌 3、5、7，过起来比较困难，首选带单牌，对子有对 2 和对 A，可以控制局面。先出对 6，回对 A，如果被对 2 压过，也是好事，敌人必打单牌，这样伺机过掉 10 和 K，用小王给 2 争牌权，就可以顺利飞走了。

三、过牌

小对开牌，大对过牌，其他牌型为独立结构，只要过掉手中的对子，基本就可赢牌。

牌例 4–10

分析： 由于四个 9 的存在，使 3 到 8 的顺子一手遮天，对 4 开牌，对 J 和对 K 不仅很好过牌，还可以趁机摸清 Q 的分布，如果敌人顶出大对，也不用紧张，没准会有机会过 A 探 2，大王和四个 9 为两个至高牌权，赢炸问题不大。

四、弱牌先行

手牌结构对子不是主题，但有最小的对子，如果不用作首开，必须有牌权才能出掉，这种情况下，不用过多地考虑回牌，先出为佳，其余牌型等待机会。

牌例 4–11

分析： 这手牌结构不乱，但过牌很有难度，尤其是对 3，完全就是个拖油瓶，用作首出，对 6 和对 8 也很难过牌，如果不用，牌权为数不多，没准就会在最关键的时候失手，不如先出了再见机行事。

4.3 首开顺子

顺子因其张数和大小的不确定性，显得比其他牌型复杂一些，开牌用意也略显深远。

一、探路者

在斗地主这场战争中，火箭、炸弹永远最具有杀伤力，所以断张经常会成为地主心中潜在的威胁。拿到底牌补充后，整手牌得以完整，探清外面有没有强大的武器装备，断张以下的顺子是最好的探路者。

牌例 4–12

分析：这是一手不错的牌型，没什么散张不好处理，断Q和9需要注意。首开345678的顺子比较合理，首先外面有没有9炸基本可以判定，再用对10和对J去探一下Q的分布，基本无忧。

二、跑得快

据说斗地主的前身就是“跑得快”，顾名思义，就是看谁能最快出完手牌，当一把小顺期待牌权时，不如在首出的时候以速度为优先。

牌例 4-13

分析：看到火箭很多人觉得万无一失，但抱着火箭哭的地主真的数不胜数。看这手牌除了双王，只有一个单2是至高牌权，其他牌都存在危机，首要就应该把3456789的长顺子打出去，为何到9不到10或者到J呢？J为三带，如果随顺子带出一张就会减速，没有对子是硬伤，留一对10既好过牌，又能保留完整牌型。

三、套牌

套牌既不是洗牌作弊，也不是克隆车，而是在一个长顺子中，由于同一数字牌张的重复存在使得一个顺子套在另一个顺子中的牌型。举个例子：10987766543 拆成两个顺子就是 76543 和 109876。这种牌型一般都应该先打出一个顺子，没有人压，再打出另外一个。如果有人压，那么再有牌权时，另一个基本就可得到升级。

牌例 4–14

分析：这手牌虽然没有王，但很整齐，一个五张的顺子中套有一个六张的，首开 345678，看看情况，对子三带都有控牌，再进手不是难事，再打出另一个，三个 10 还可以加大 78910J 的升级概率。

四、减负

通天的顺子留在手里有希望成为牌权，不能看大的顺子留在手里经常会成为负担，因为当你博得最后一个牌权想闯牌的时候，被扼杀才是最惨痛的失败。

牌例 4–15

分析： 虽有三个 10 在手中，推算 5 到 Q 的顺子在概率上是大牌，但仍存在不确定因素，为了不让这种不确定威胁到火箭的效力，不如先开出，开牌时开到 J，保留对 Q，以便在对子上有所支撑。

五、无可选择

手牌结构以顺子为主，开牌基本没有选择。

牌例 4–16

分析： 手牌结构很完整，有两种开牌方法，千万别去想

首开连对，那种做法就是自毁前程。第一种，首出 34567，争取给 678910 开道，KKQQJJ 作为对子都会有进手，三个 2 很可能有两手牌权，所以另一个顺子的牌权并不难得；第二种，可以博取春天，先开 3 到 10，如果能大，接着连对、三带一，当然外面的四个 A 和两个王是威胁，还要看牌手的临场感觉和赌牌之心。

4.4 首开三带一（对）

首开三带一（对）简称三带，是斗地主游戏中比较受欢迎的牌型，主要是因为可以带牌，不好过的单张和小对子都可以被带走，但作为首开，还是对牌型有所要求。

一、不留小牌

手牌中三带不是唯一的，但大的号码不足以作为回牌，尽量第一时间打出，先试试牌情，避免后期失手的尴尬。

牌例 4–17

分析：牌整体超强，单双都有控制，唯有两个三带小牌，没有回牌。有些人会选择开单牌，认为拆 A 控单，前期不会失控。但这种选择有个弊端，就是首次拆 A 进手，还要去打三带，那时候失控如果敌人打出对牌，对 A 已无，也许会造成拆 2 的损失。开牌出三带，就算首轮失手也没有太大影响，敌人出单可过 K，出顺子可关注断张，出对最好，可过对 10，回对 A，那时基本都在掌控之中了。

牌例 4–18

分析：这个牌型是特地用来跟牌例 4–17 对比的，同样是火箭，同样是小三带。有人马上会说，先出三个 5 带 4，这就错了。之前的牌型是两个小三带，必须要先出三带。但是这副不同，手牌控单的是三个 2，连同四个 8 的至少四个制控牌权，A、K、Q 很好过牌，三带完全可以选择行在火箭之前，所以开出单牌为上策。

二、收放自如

手牌结构较好，一开一合就可完美收官。

牌例 4–19

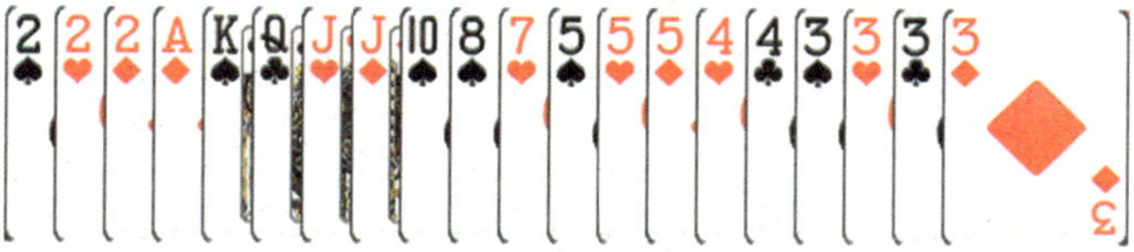

分析： 这手牌虽然持有牌型较多，但对子、顺子都不适合作为开牌方式，对子只有一对 4，没有任何回牌，拆了三个 2 回对无疑会降低效力；通天的顺子不适宜开牌，就不用说了；单牌貌似可以，但 J87 都为小牌，过牌不仅仅是困难的问题，没有王又是硬伤。所以要想打成，应该首开三个 5 带 7，回三个 2 带 8，10JQKA，对 4，留一个 J 和四个 3 作为观望，激进的可以选择直接炸掉，保守的对断张稍作关注，但牌出到这时，有没有火箭已很难分辨，不如早炸了痛快。

三、不留绊脚石

跟对子和顺子的开牌相同，最小的三带也会成为牌权的绊脚石，对于牌权不多的结构，不管有没有回牌都要毫不犹豫先把最小的三带打出去。

牌例 4–20

分析： 纵观全局，只有两个后期牌权，一个是大王，一个是五张通天的顺子。但顺子还要看有没有农民给机会，如果用个大王进手去出三个 4 带 3，那就等于缴枪不杀了。所以首开三带是唯一选择，后期处理会容易一些。

四、主旋律

三带是手牌结构的主体，首开成为必须。

牌例 4-21

分析： 三个三带在手牌中的比例就不用计算了，虽然带有两个顺子，但如果开出 34567，对 4 对 6 基本就会死于手中。所以开三个 4 带 3 是必须的，争取过三个 9，对子有对 K 和对 Q 可以抵挡，最后看情况拆王控单。

4.5 首开连对

连对这种牌型比较少见，开牌情况比较简单，10 以上的可以留作观望，10以下的最好作为首开，以免增加牌权负担。

牌例 4–22

分析：66554433最小连对，应作为首开，手牌有三个三带，有些人会认为开三带也可以。我们仔细琢磨一下，三带是带一还是带二呢，如果带一，那对6对5对3的小对将成为死牌；如果带二，那1097怎么过牌呢，单牌只有大王一个牌权；如果开了四连对，被管上的几率非常小，还可以顺出一张单4。后面可以见机行事，依情况决定三个A是拆掉防单牌和对子，还是坐等三带送上门。

牌例 4–23

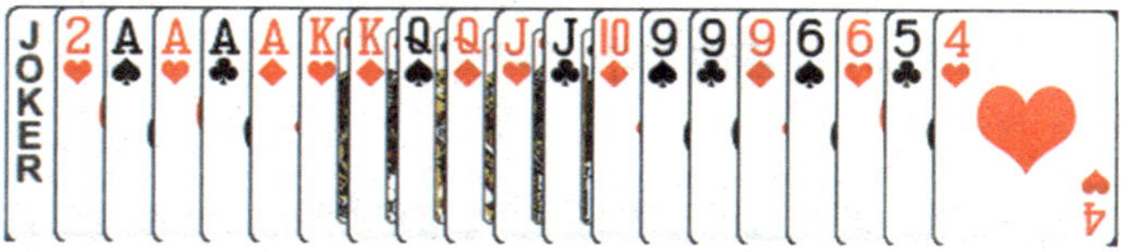

分析：这个牌型很简单，谁也不会首开最大的连对KKQQJJ。先开单4，边勘测断张，边准备过牌。连对可以防对，也可在最后一手牌权时首出。

4.6 首开飞机

我们前面说过，飞机是较受欢迎的牌型，因其速度之快而得名。飞机的开牌和连对同出一辙，也是小的适合首开，大飞机留着控牌。

牌例 4–24

分析：三个 6、三个 5 组成一个小飞机，先开出，然后再出三个 3，手中小牌全部跑掉，剩下的大牌又是单双可控，尽如人意。不会有人想开 345678 吧，那一定是怕飞机失联，更愿意坐火车。

牌例 4–25

分析：三个 Q、三个 J 的飞机一定用作留守，小单牌较多，应该开单过 A，后面看情况而定，或者开个顺子也行，自己三带这么多，外面能管上 678910 的顺子只有理论上存在，领出一手再能出张单牌，就能坐享其成了。

4.7 混合牌型

什么是混合牌型呢？就是多个结构混为一体，哪种都难直接领队，牌手容易患得患失，非常不好抉择。如何能提纲挈领地让牌路清晰是个难题。

牌例 4–26

分析：对子、顺子、三带综合在牌体里，是开顺子先看断牌 J 的分布呢，还是开对 3 争取过对 8 对 Q，抑或直接三带？估计每个牌手都有不同的分析和解释。我们的建议是先开三个 3 带对 8，因为三个 3 是最小牌，需要牌权，必须作为首出。如果选择两个 3，就降低了出牌速度，且对 8 不容易过牌。开牌要是被 J 以下的三带管上，还可以顺过三个 10。即便被压，单牌有小王，对子有对 2，都是可控的。看自己三带的结构，顺子基本可以领出，中途一定要关注牌张号码来决定自己大牌的控制节奏。

第5章

我是地主我怕谁

开牌后，整体牌局进入白热化阶段，每个玩家都会拿出自己的所有本领，全神贯注于牌局之中。农民抓紧一切机会想把写着“打倒”的大高帽扣到地主头上；有了叫牌环节的控制，相对于农民而言，地主的牌应该是三个人里最为强劲的（排除地主情结效应），所以地主并没有示弱，适时拿出自己的武器，向农民怒吼：“我是地主我怕谁！”这份气势是必须的，但毕竟是“二打一”。要想争取最后的胜利就容不得有半点疏漏，前期的隐忍、观察，中期的破茧发力和后期的控制缺一不可。

5.1 地主很孤单

在整个行牌过程中，地主是孤单的，可以为伴的只有牌力，有了好牌当然暗自欢喜，一路上砍杀、打压，不费吹灰之力；但如果手牌完整度不够，或底牌补了散张，不仅无伴，反而貌似多了半个敌人，此时也不要慌乱，客观条件出现残缺，可以靠主观条件进行弥补。有人会问：“何为主观？”主观就是用控牌技术把整体牌局控制在自己的节奏，用行牌战略不断迷惑甚至策反、离间两个农民，最终使整体牌势倒向自己，以争得最有利的结局。

在开牌后的前期一定要有一个初步计划，随着出牌轮次的变化仔细观察慢慢调整，既不能冒进也不可固守。那到底要怎么样呢？我们具体牌型具体分析。

一、强势打压

飞机炸弹火箭炮，是每个地主的期待和向往，持有强牌的地主是幸福的，这也就是人们所说的运气倒向，运气来了，挡也挡不住。

牌例 5-1

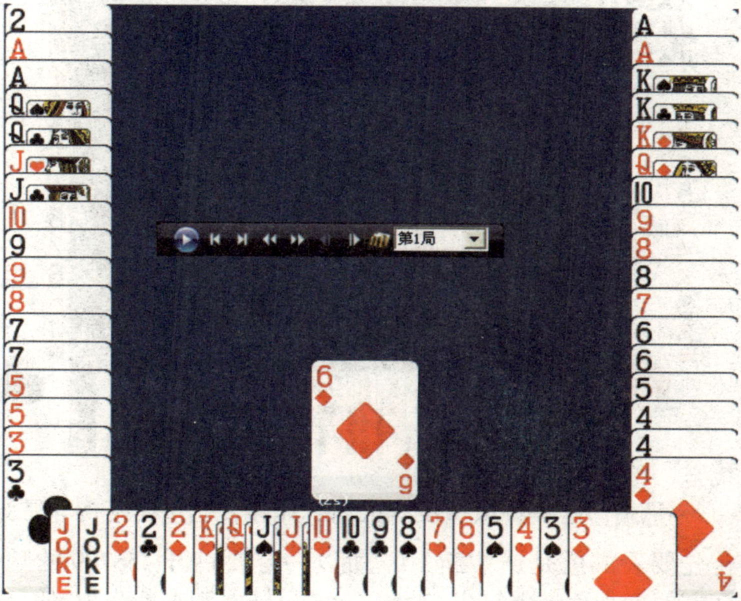

分析： 拿到这手牌，所有人都会在心里欢呼，基本毫无难度，火箭三个 2 为天体组合，长顺子也属领出牌型，首开单牌，2 做回手。需要注意的是，如果没见到 A，一定要

忍农民手中那个 2，火箭也不能太快发出，以免被农民杀个回马枪。

牌例 5–2

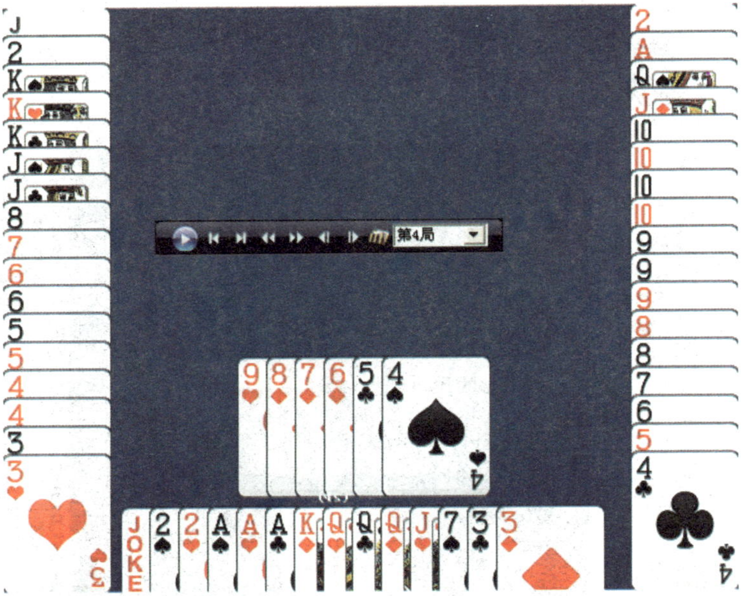

分析: 这手牌虽然没有火箭、炸弹，但整体结构非常强劲。首先要看的就是通体断 10，所以一定要首开 456789 的顺子，一方面把小牌结伴打出，另一方面很好地勘查断张 10 的分布。因为有对 2 的存在，所以要留有对 3 以保持牌型完整。开牌过后，发现没有人能压，10 成炸弹的概率无形中增大了许多。怎么才能避免被炸呢？后期行牌要做出调整，先出对 3，回对 2，然后再出三带一，回三个 A，最后出单 K，剩一张大王，由于自己牌型如此完整，又没出过单牌，两个农民一定牌型分散，加上明显留有大王，没有人敢炸，地主可以从容挥手与农民道别。

牌例 5-3

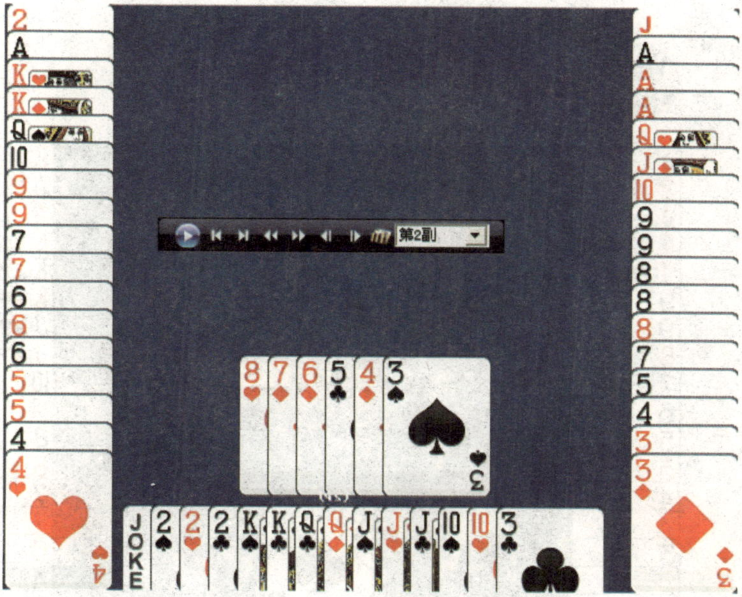

分析：这副牌例跟上一副非常相似，那为什么还要放在这里着重分析呢？大家看一下开牌，主要讲的是在开牌的时候我们就要制订一个计划，就是下一步的计划。上副牌留有对 3 为的是对 2 的存在，而这副我们留的是单 3，为的是小王的牌权。乍一看对子确实挺多的，但对子是一个整体，是连对，所以拆开打没有任何意义。放单张 3 回小王，大王不盖成功跑掉，即便引出了大王也不会妨碍最终的控制，所以开局的计划很重要。

二、舞枪弄棒

没有强劲牌型，但整体势头不弱，虽武器不够先进，也不是没有招架之力，十八般兵器有个几样，此时就要审时度势，把每个牌张都发挥出应有的作用。

牌例 5-4-1

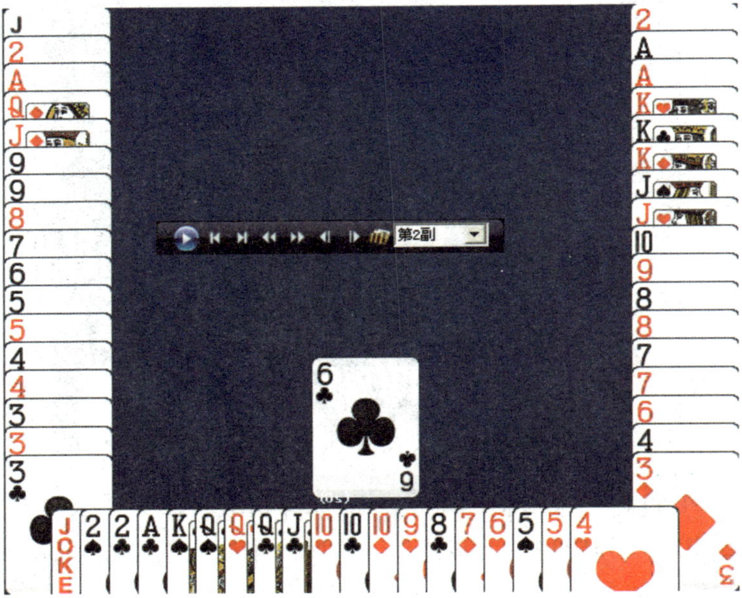

分析： 大王加对 2 的结构还是不错的，而且牌比较顺，虽没有最高配置，控制整体也并不是难事。5 和 6 的单牌是累赘，如果不作为首出，就会没有过牌机会。前期计划是开单牌争取让农民主动打出对子，来过对 10 和对 Q。按计划实施首出单 6，农民（下）顺过 7，农民（上）顶 J。对于没有单牌的地主来说是个难题，拆 2 便消弱了对子的牌势，不要又会暴露自己单牌的弱势，此时盖 A 一举两得，一方面虚张声势，一方面探一下另两个 2 的分布，以便在自己打对子的时候可以更加顺畅控制。农民（下）盖 2，大王必须放过，有单 3、4 的农民（下）进手根据自己的牌型，依然出了单 4，农民（上）继续顶 Q，这时地主需要盖 K，顺便探清 A 的大致分布，农民（上）出 A，此时的牌型结构如下：

牌例 5-4-2

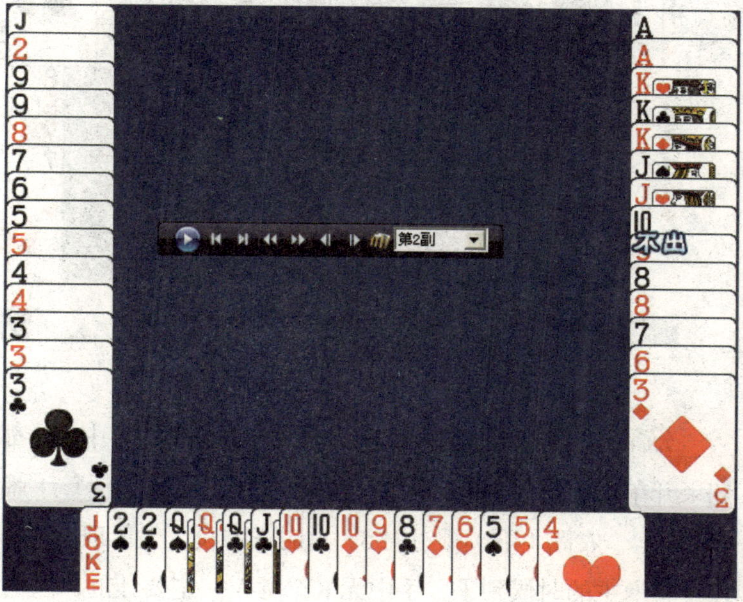

分析： 牌行到此，基本落入地主的控制中，无论怎么打

都应该是赢牌了。农民（上）打出对子三带都会落入囊中，还可以看到断张 3，农民打顺子如果合适地主的牌张也可以压死，不合适再让一手也无妨，地主的前期计划全部得以兑现。

牌例 5–5

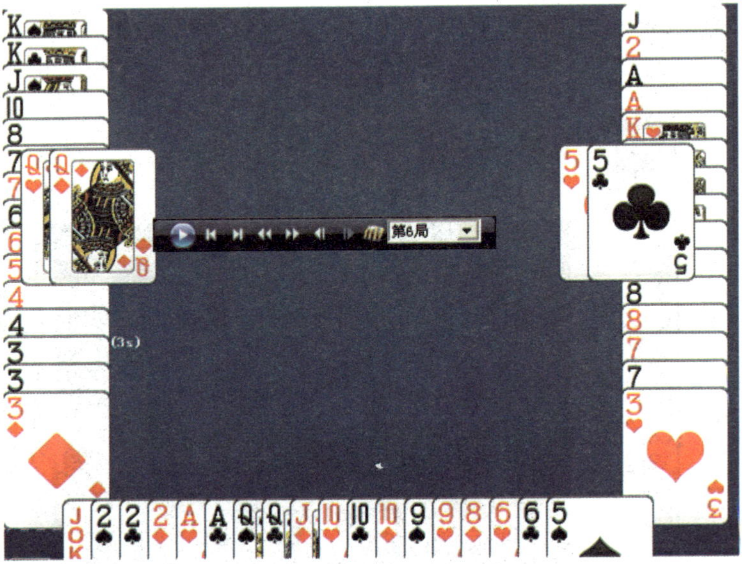

分析: 地主拿到完整手牌，发现对子较多，大、中、小都有。如果开单过 J 会有困难，于是地主准备用对子来盘活整手牌。首开一对 4，农民（下）顺过对 5，这时候农民（上）顶出对 Q。现在考验地主的时候到了，手中无 K，对 A 一定要让的，因为进手还要打对子，对 A 出了就失控了，而且上家不一定好出，单牌对子三带样样齐全，出什么过什么，忍了这一时就可以达到控全局了。

牌例 5–6

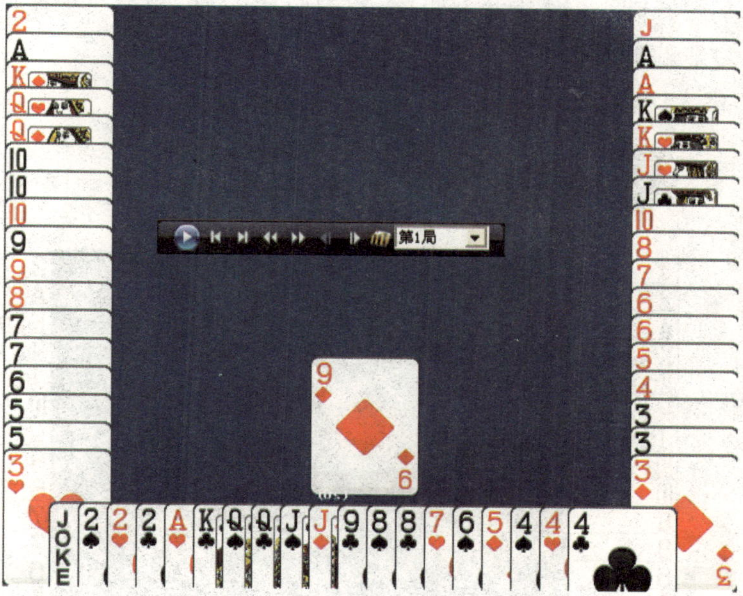

分析：小王三个 2，按理说属于比较强势，但下面的结构不是很好，三种牌型都没有很好地呼应。前期的计划应该是开单 9，农民（下）顺过 10，农民（上）如果出 K 就过 A，如果出 A，一定选择让牌，因为行牌初期拆三个 2 和出小王都会损失牌权价值。在自己牌型未整时小王一定要压外面唯一的那个 2，要不就等于多给了农民一个控制权。农民进手出对子的可能性较大，那样过对 Q 和对 J 都较为容易。谨记边出还要关注断张 10 和 3，为后期三个 2 领路做好准备。

三、守株待兔

这个成语形容出牌过程也许略显消极，一般情况说的是手牌有一定控制，叫了个2分，结果没有人再叫3分解救自己。拿起底牌，也有几分不如意，没有打压能力，也没有太多武器，只能顺势而为，争取获利。

牌例 5–7

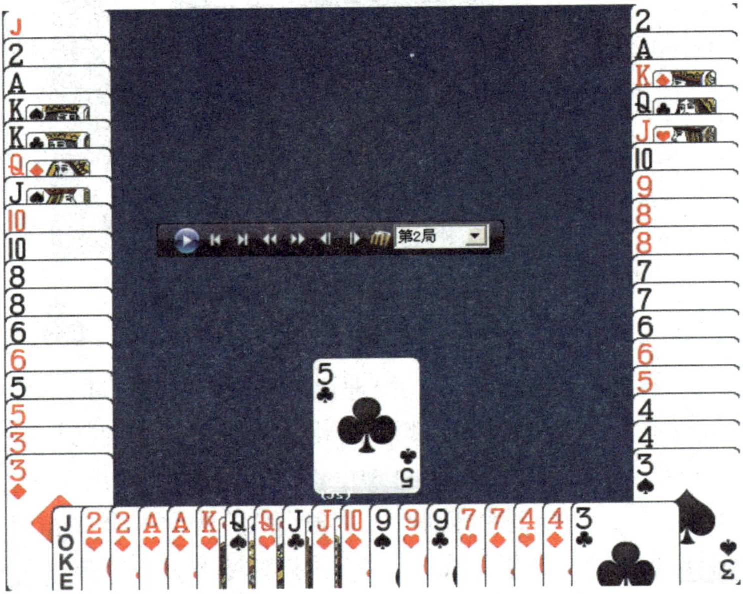

分析： 不能说手牌比较糟糕，毕竟叫了地主，但确实

有些让人头疼，前期根本没法制订任何完整的计划。开单牌对 4 对 7 是个难题，开对子 3 和 5 无法解救，幸好有了三个 9，还可以带出一个小牌。三思过后，还是开单 5 更加有利，毕竟 Q 和 J 不是特别难过，出一张观望一下，万一农民出个对 3 呢，对 4 还有唯一希望。结果农民（下）直接上了 2。这个时候一定要注意，下家直接出的大牌与上家顶牌概念完全不同，如果没有可以出逃的机会，很少会有这样的选择。这个牌权一定不能放，如果放出一个反春，将会追悔莫及，小王盖上后，再看手中的牌，可以初步制订一个计划了。外面出了一个 2，那么剩有的对 2 和对 A 就等于有了对子的控制，此时拆掉顺子中的 10 打出，为的是迷惑农民，逼他们打出对自己有利的对子；农民上顶 K，地主果断放过，大家可以看农民（上）的手牌，他此时只能出对子了，虽然有大王在手，小对那么多拆了单毫无意义。地主乐开了花，先过了对 7，对 J 进手，再次打对，就全控了。

牌例 5–8

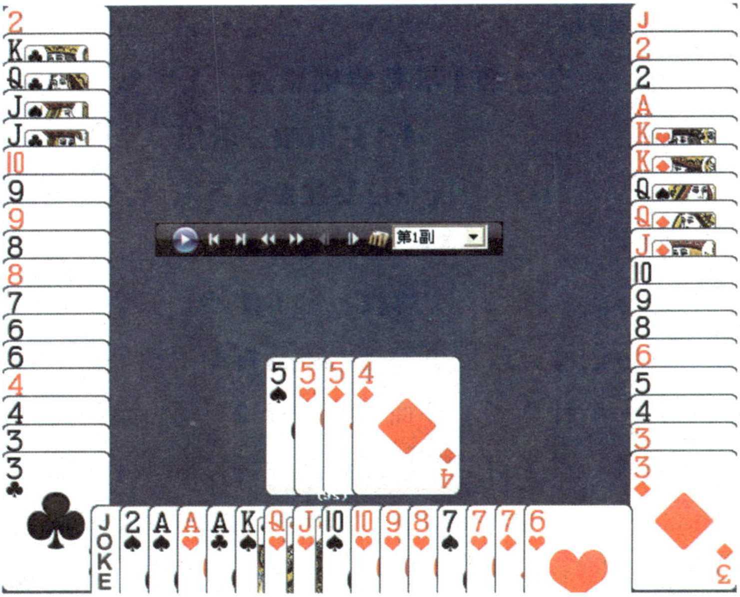

分析：这手牌不够强劲，所喜的是还算比较顺。三个三带含在顺子中，如果拆为对子，对 5 对 7 之间距离太短，过牌有难度，而且对 A 不是制控，所以开三带一探听虚实是个不错的策略。发现三带可以领出，有人可能会顺势把三个 7 带 6 打出，也不是不可以，但还有更好的选择，就是先出个单 10，因为小王和 2 必有一个牌权，而三个 A 要做三带出，顺子不通天出了 7 就会由长变短，从而威力降低。单牌过 2，然后打出 6 到 K 的顺子，再出三个 A 带对，剩一张小王，即便被压，两个农民一张单牌没出过，小王一定可过，任务顺利完成。

四、弱势调整

强势牌靠的是拼抢，弱势牌靠的就是韧劲和能力，很多牌手可以把断壁残垣的弱势牌型控制得滴水不漏，彰显高手风范。

牌例 5-9-1

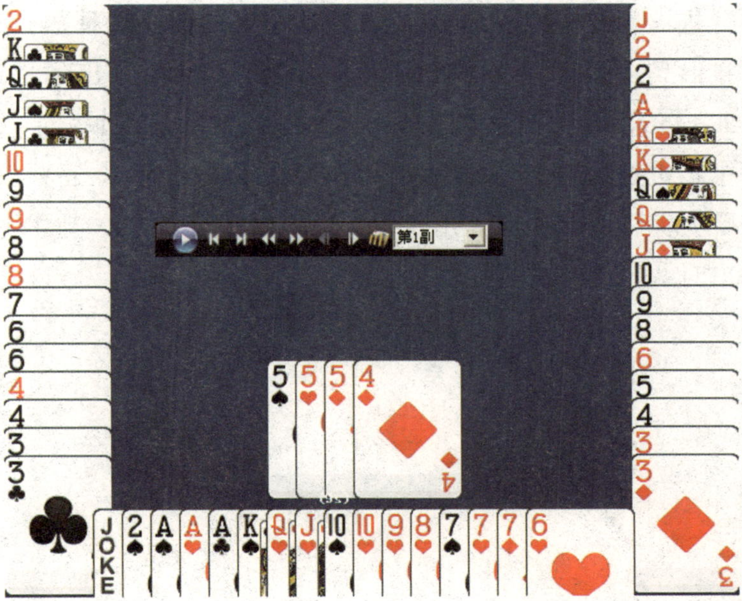

分析：这手牌看前边的几张，大家都不觉得弱势，大王两个2，但越看越会没有信心，初学的牌手估计看到345就会缴枪不杀了。没牌可以，但不能从开始就没了势头，只要叫了地主，没有一开始就去选择输的，坚韧是胜利的一大武器，只要把每张牌都能发挥出应有的价值，机会自然就会光顾。首开不可以选择三带一，这样的牌一定要把有变化的牌型留到最后，开单最好，地主（下）顺过9，地主（上）顶Q。现在地主可以分析一下，如果保留顺子，那么牌张就会全部散乱为过不去的小单，此时果断拆顺子过K很明智，过了这一张，就会感觉牌开始完整了，两个三带，三个对子，一个大王，信心倍增。但还不能冒进，无论是上家还是下家盖这个K，都要选择放过，为自己留有反击余地。农民（上）出2，然后领出一手连对334455，看他的牌型，对子是必然选择，打出一对7，地主趁机过掉对9，农民（上）盖对K，没看到对A，还要放过。令人惊喜的是，对8出现了，地主又过了对10，地主（上）出对A，此时的局面如下：

牌例 5-9-2

分析：这个对 A 是必须要压的，如果记牌的话，应该知道，三个 6 和三个 J 都是大牌了，目前要考虑的就是农民（上）留有最后这张单牌的号码，看到手牌中的 8、4、3 未过，不要认为必输无疑了。根据前期的出牌，单牌农民（上）只顶过一个 Q，那手中这张为 10 以下号码的可能最大，过 8 成为关键。地主出 8，农民（下）就是压牌也不会选择大牌，因为他要考虑让同伴跑掉，那么至少 A 可以顺过。地主赢了，赢在策略和耐心，后期的坚持尤为重要。如果是你，可以把牌出得这么理性精彩吗？

牌例 5-10-1

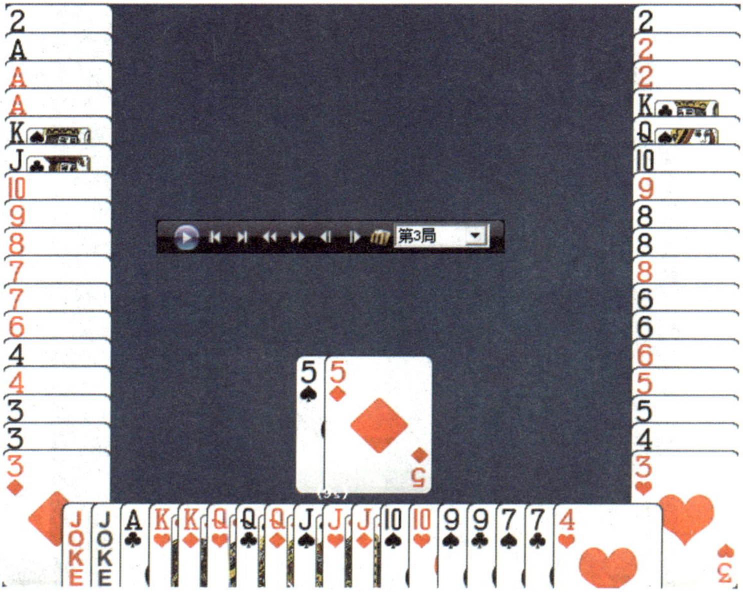

分析：看到双王，没有人会认为这副牌例为弱势牌例。一个大王就是制控，何况一对王呢？但是从一开始地主就把这副牌计划成火箭牌型，即双王永不拆出，必须发挥火箭效力，那么两个王就等于一个制控牌权了，只有一个 A，断 863 的牌型整体沦为弱势。再看两个农民的牌型，我们一定可以更加确定，地主很可怜。

首开一对 5 是投石问路的正确选择，对子偏多，飞机留作三带的防守，仔细看一下三明手，会出现什么状况呢？这对 5 居然领出了，再出一对 7，此时的地主不能光顾着高兴，要想一想，对 5 都不要，农民的手牌是什么结构呢？顺子和三带一定是主体，至于有没有炸弹还要在后期观察。农民（下）果断的压了一对 2，他一定知道，对子是自己和同伴的弱项了，然后改出单 3，农民（上）顶 K，地主过了 A，农民（下）单 2 再次盖住，放单 4，这次农民（上）没有选择顶牌，而是顺过了 7，想趁敌人不注意的时候偷偷溜掉，为了增加三带的最终控制，地主拆了 K，农民（上）出 2，打出三个 3 带 4，如下图：

牌例 5-10-2

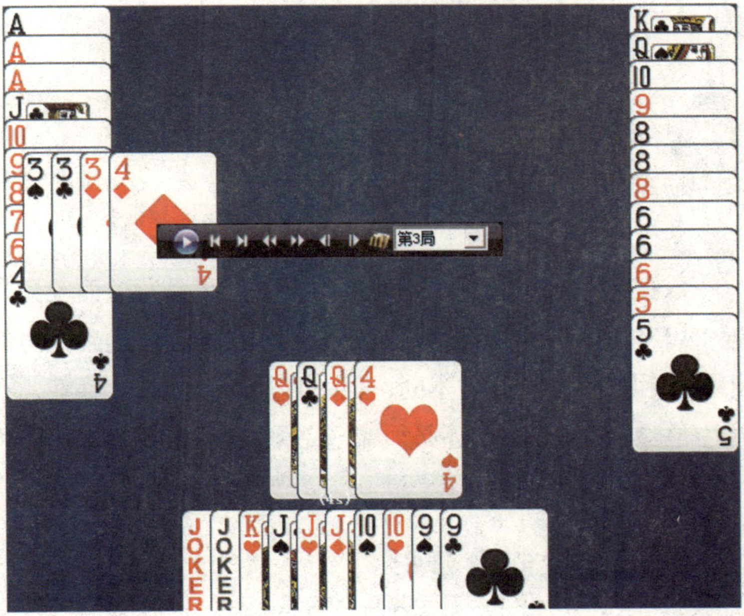

分析：由于K直接被2压，得出判断，三个A的组合一定存在。地主出三个Q，农民（上）出了三个A带4，考验地主的时候到了，他的对10、对9和三个J都是大牌，但到现在还没有看到6和8这两个号码。那农民（上）剩的是什么，会是炸弹吗？不会，一定不会。第一个三带农民（上）带的是4，第二个又是4，如果留有一个炸弹，他不会拆对4带出，由此可见他剩的是个6张的顺子，顺子的存在与炸弹的概率恰恰成为反比，果断冲出火箭兑现开始的计划是必须的。前期我们都看过三明手了，认为地主如果不拆王一定会输的，农民在前期一直控制着整个牌局，最终的结果却出乎意料，地主赢在判断和控制。

5.2 地主很完美

农民是一个组合，不管他们组合的结果是背道而驰还是接近TWINS，整个过程都可以有一个心理支撑，以达到优劣的互相依存和补充。但地主不同，他一直是以个体方式存在，在牌局中他除了延续孤单，还必须缔造完美，感性和理性缺一不可。

一、感性创造精彩

有史以来感性就是人之常情，有时候第一感觉可以胜过技术，胜过牌力，贯通在叫牌、开牌甚至行牌过程中，最终得以制胜。归结到斗地主的游戏中，敢与不敢通常是感性最好的写真。

牌例 5–11

分析：一个单 2 就敢起叫，从叫牌上就可以看出这是个感性的地主，当然他一定是个高手。牌权太少又没有对子，开牌只能先把长顺子打了，这个牌型在开牌时能打多少是多少，剩下的只能得过且过。顺子领队后地主出了单 4，农民（上）顶 K，地主过 2，小王压上出对 9，农民（下）对 A 接手。地主窃喜，看见 A 不仅表示没有炸弹了，还增加了三个 K 领队的概率。看了三明手，我们都知道，地主赢了，不仅赢牌还可以赢炸。但是地主并不知道，外面还有三个 2 和双王，且双王并不是没有成为火箭的可能。作为自己的手牌，除了三带一还可以管上以外，单牌、对子都是过往了，那么 2 和火箭的分布基本没法探寻，除非能耐心等到最后几张。如果农民也很聪明，一定不会轻而易举地暴露。所以看到 A 了，就可以果断地炸，输赢本身就是一举，此时感性的人一定占上风。

牌例 5–12

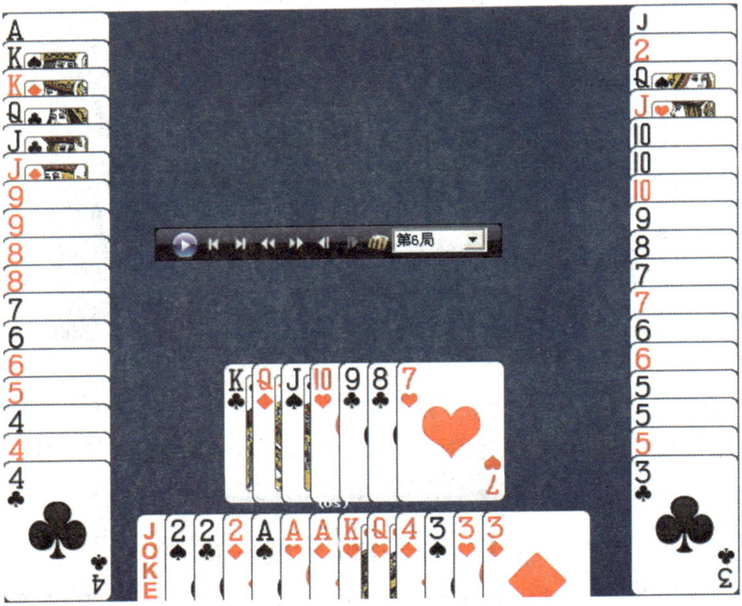

分析：“春天”，很多牌手可望而不可及，主要是概率太小了，很大程度上取决于运气。但是有了春天的牌型，有了春天的运气，没有胆量我们也会始终停留在冬季。看地主的牌型，确实是春天，但是断6和5，理智的人一定会留有大王，避免炸弹的伤害，也就因此而失去机会，再想要春天，只能去等下一个夏秋冬的轮回了。

二、理性续写辉煌

感性的异彩始终是暂时的，要想把精彩进行到底，续写成就辉煌，还要靠理智思考和控制。

1. 得失守衡

古往今来，得与失被赋予了太多的格言和故事，无外乎就是告诉人们，不要过多地计较己之所得，得与失永远是双生花。打牌在这一点上体现得最为深刻。

牌例 5-13-1

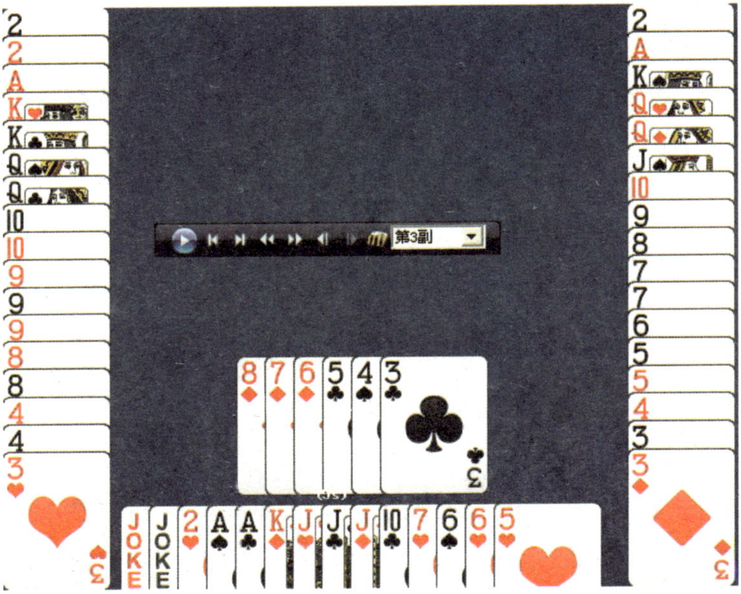

分析：地主的牌介于强弱之间，但要想求得火箭的控制，是比较有难度的，前期的忍让非常重要。首开 345678，农民（下）盖过，然后出单 5，农民（上）顶 A，这是个必让的牌权，因为自己只有一个 2，这个牌权必须要用在关键时候。农民（上）出了对 8，还是要让过，再出对 10，为了避免敌人牌张剩得太少不好控制，要压出对 A，再次被对 2 管上，随后送出三个 9 带 3，这是关键的一手，地主的忍让使农民犯了个致命的错误，三个 J 管上后，要慢慢收复失地了，如下图：

牌例 5-13-2

分析：地主再次出单，农民（上）拆 K 顶住，地主过 2 后继续出单。农民此时已经知道了双王在地主手中，而且地主没有立手。由于前期农民（上）出对 8 的时候，地主让牌后用对 A 直接管的对 10，所以他们天真地认为地主手里没有对子了，全是过不去的小单，两个人便争先去闯自己的小对，地主奸诈地笑了，顺利过对 6 后，完美收官。本局牌后期农民配合出现了失误，但是如果没有地主前期的隐忍和放权，后期就是有机会也很难抓住。

2. 契合实际

控制节奏要看开局，所以制订一个契合牌型与牌力的计划非常重要，切忌好高骛远。

牌例 5–14

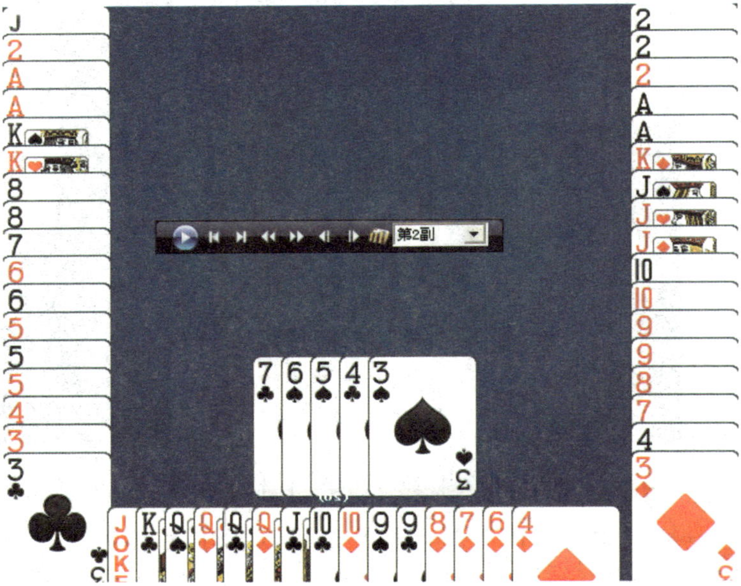

分析：单大王带一个炸弹，无 2 无 A，有人还想赢炸吗？估计有点天方夜谭。我们应该实事求是地定计划为跑掉就是胜利，所以把手牌拆组为三个顺子是合理的，因为四个 Q 的存在使自己的顺子成为最高控牌。首开 34567，农民（下）

盖 78910J，用大顺子压，再出小顺子领航，剩三个 Q 带 4 和一个大王，不管怎么出，都顺利过关了。

牌例 5–15

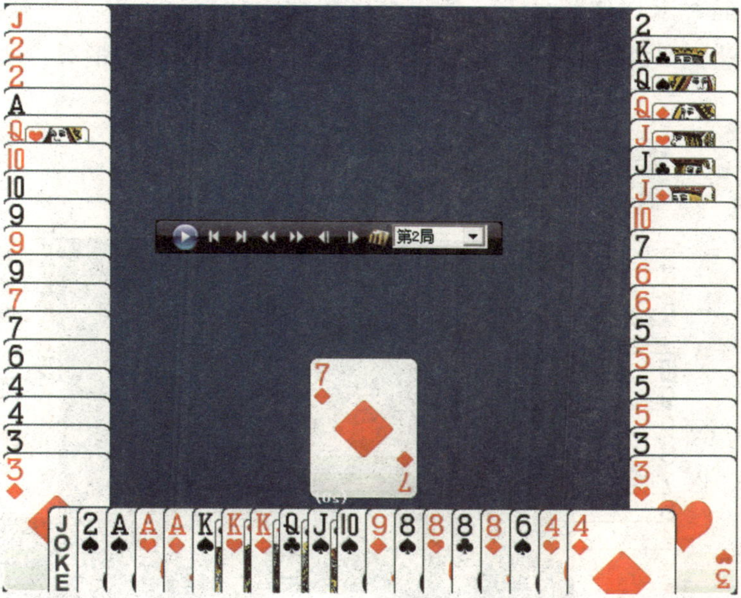

分析：开牌为单张 7，无可非议，地主为自己制订的计划是赢炸计划。纵观手牌结构还算完整，小王和 2 至少能控一手单牌，最大的飞机可作三带也可作对子防守，要时刻关注断张 3 和 5。农民（下）顺过 10，农民（上）顶 A，地主过 2，然后改出对子，回对 K，引出对 2。农民（上）再次出对子，地主此时没有必要再去保留三个 A 了，因为对 A 已为控牌，出了后先出通天的顺子，手中留有小王四个 8 和单 6，如果农民敢炸，那必赢两炸，如果不敢，也可稳稳地赢得一炸。虽然整体手牌控制力不是很强，但制订炸弹计划还是可以完成的。

3. 让利

农民人多势众，在武器装备不是很完好的情况下，就不能奢求功德圆满了，要审时度势地出让自己一部分利益，以达到最终的目的。例如拆了双王或者炸弹改为四带二。

牌例 5-16

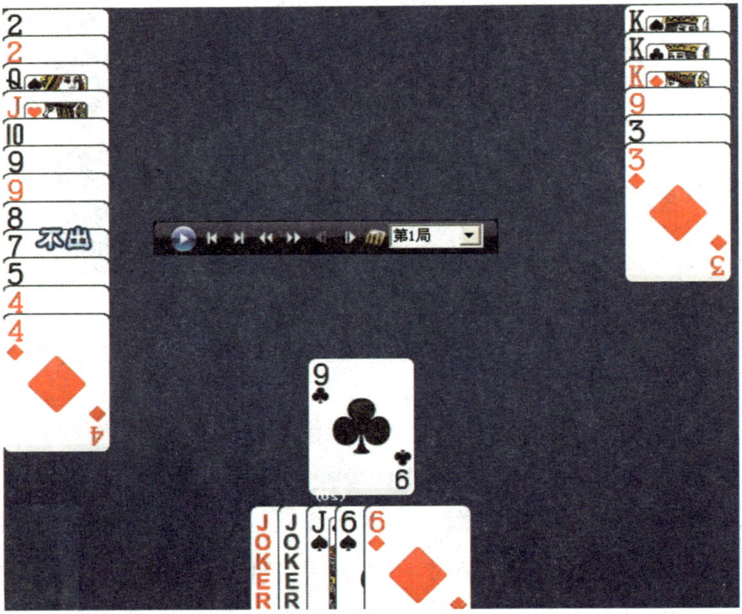

分析：不用看前期行牌就可以知道，地主原始手牌不够

强劲，已接近尾声，另一个农民还保持着对 2 的双控，和三个 K 的三带，局势不容乐观。地主打出单 9，农民（下）必然拆 K，虽然如果让一手牌权，他会打出对 3，在农民（上）不顶对 9 的情况下过了对 6 可以发挥火箭效力。但这个时候明智的地主不应该把希望寄托在别人的失误上，轻敌是致命的，所以一定要把局势牢牢控制在自己手里，拆王盖过，再打 J 回王拿下整局才是根本。这样决策只是出让了自己的一部分利益，放过很可能把到手的胜利拱手相送，得不偿失。

牌例 5–17

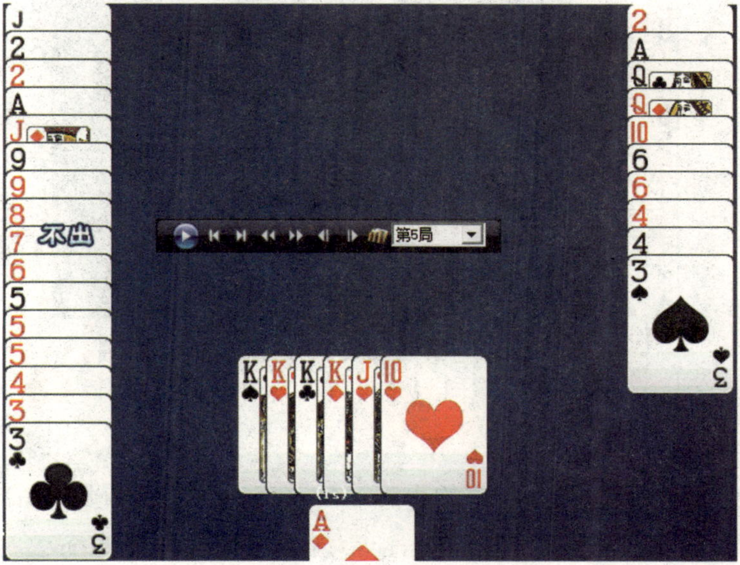

分析：这手牌地主的牌型主体为顺子，领出后出单，手牌剩为大王四个 K 和四个单牌，对子三带没有控牌，单牌也很难过牌，选择出单回王四带二为明智之举，不费周折和脑力轻松拿下。

牌例 5-18

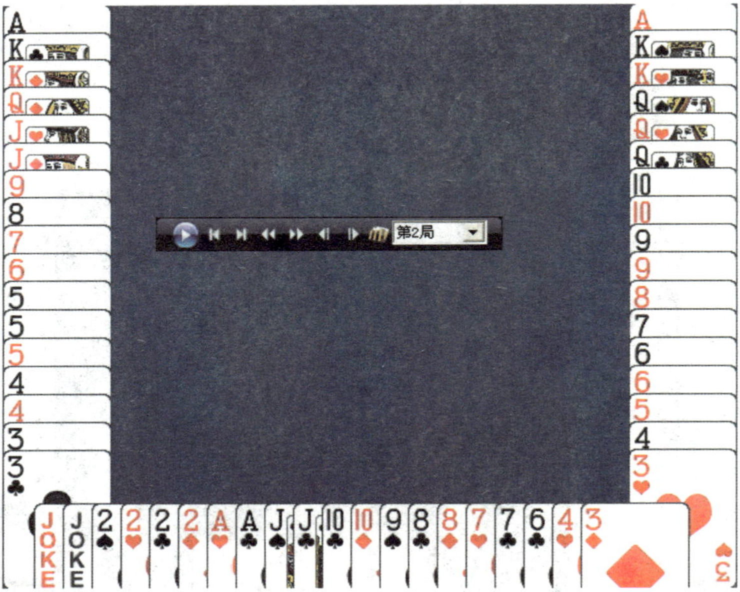

分析：初看地主的手牌非常强势，仔细探寻牌张结构，其实很难控制，从一开始地主就应该选择拆掉四个 2，用两

个 A 去控对子，否则根本没有胜局。很多牌手选择先打打看，贪心于炸弹和火箭双发，对农民开始的行牌左躲右闪，等到幡然醒悟，早已过时不候了。

5.3 地主很谨慎

几个轮次过后，三家牌的强弱与结构基本明朗，中尾盘经常是避实就虚、请君入瓮的压轴好戏。此时的地主一定要小心谨慎，切忌洋洋得意反失了粮仓。

一、顺序

牌张的顺序在尾盘尤为重要，尤其在手握炸弹的时候，一定要记着把自己放到最有利的位置。

牌例 5–19

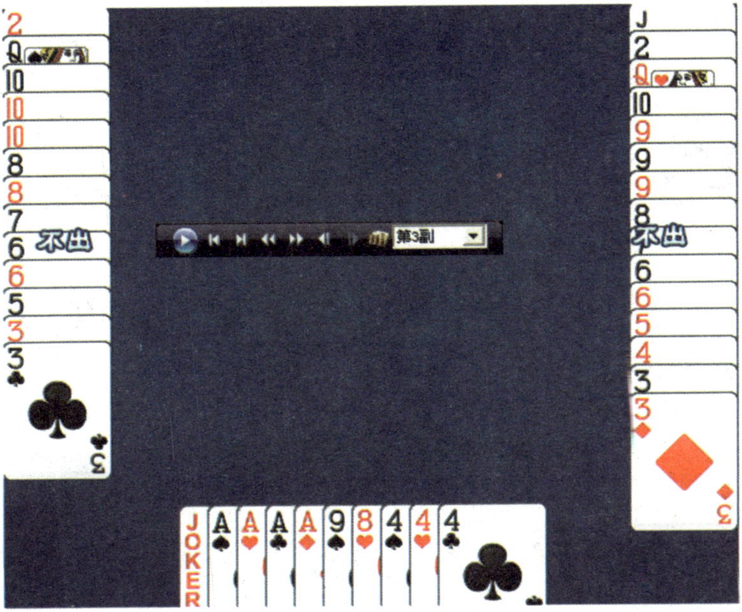

分析：看到地主的牌，大家会觉得怎么打都赢了，随便出一下就可以。看了三明手，可以这么想，但坐在地主的位置上，一定要保持清醒。外面 3、6、10 均为未见牌张，有没有炸弹都是未知数，所以出牌顺序应为先出单张，回大王，此时就是外面有 100 个炸弹，我们都可以稳坐不乱了，因为最大一个在自己手里。试想如果先出了三带一，被农民管上，炸是不炸，如果炸了出单牌，被农民炸了，小对子得了天下，岂不是粮仓大开，所以这个时候马虎不得。

牌例 5-20

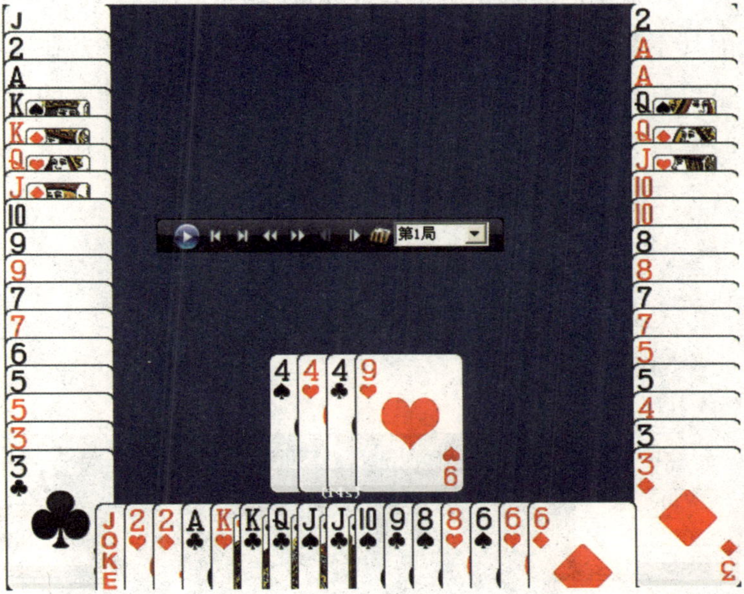

分析： 这手牌看似散乱，但三带开出后，看到可以领出，那后面牌的控制就相对简单了。再出三个 6 带 J，然后切记不可以出单，在没有明手的情况下，地主断 3、5、7，而且外面也同样存在对 2，都是控制自己的。如果出单 K，回大王，再出对 8 回对 2，被炸，结局会很悲惨，抑或人家的对 2 在先改出单牌，控制就会远离自己。所以要先把通天的顺子打了，出对 8，回对 2，打单 K，留大王，别说没有炸弹，就是有炸，在自己还有单牌的情况下也是束手无策。

二、时机

斗地主的时机相对于升级和桥牌类的纸牌游戏不太一样，因其不是每轮必出制，所以牌权相对更重要一些，在掌握上也更有难度，不仅要关注自己的牌，还要关注别人的牌。有时候用忍能换来利益，有时候一手牌权的出让就让出全局，这个度的把握自始至终都是个难题。

牌例 5-21

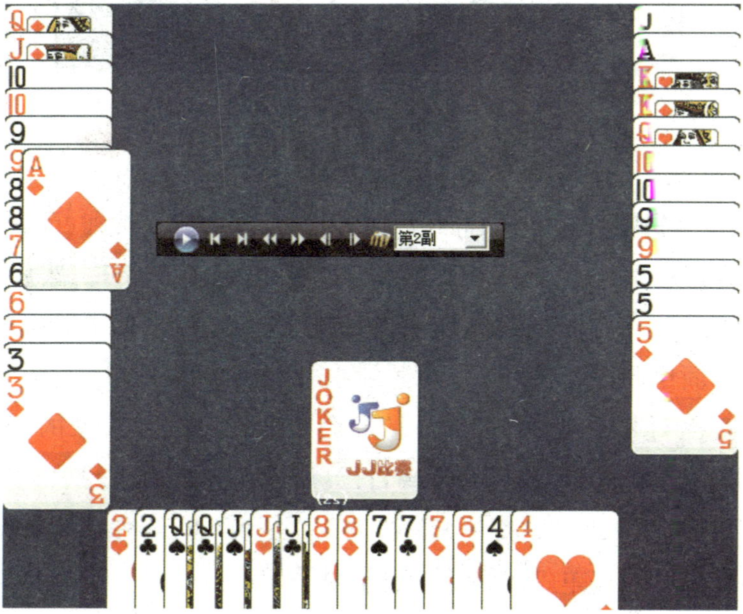

分析： 出过几个轮次后，地主发现自己的三个 J 已经是大牌了，外面是有炸弹的危险，这种牌型不属于破炸牌型，越等反而危险系数越高，所以他果断地上了大王，出三个 7 带对 4，回三个 J 带对 8，再出对 Q 回对 2，干净利落地赢得了胜利，这个时机掌握得很好很值得点赞。

牌例 5-22-1

分析： 持有两个炸弹的地主喜上眉梢，但苦于其他牌权紧迫，怎么能获得更大利益是他拿到牌后一直在思考的问题。

首开小单牌看看情况，现在我们看农民（上）的牌，顺子飞机对2加小王，对地主很有威胁，看到单牌毫不犹豫的顶K，地主选择忍让，如下图：

牌例 5-22-2

分析： 忍了一手造成这个局势，改变先前的计划刻不容缓，果断炸掉飞机。有的牌手看到这儿心都发凉，剩下的牌怎么出呀，地主是不是有点冒进了？其实不然，难道大家忘了四带二了吗？自己手中有大王，上家三张牌，再出一张单肯定没有问题。四个 8 以后出单 6，农民（上）选择出了小王，地主出大王盖过，飞机已经使三个 9 成为大牌，出过三带直接出 2，然后四个 A 带两个单。不奢求两炸的荣耀，只要赢牌就是好事。

此时有高手一定已经看出，如果农民（上）不选择出小王，而是拆 2，那么地主是不是会死得很惨呢？确实很惨，或者农民（下）在地主炸过出单的时候直接上 2，打出对子，地主也会应接不暇。但无论哪个位置的农民要做到我们说的都需要经过透彻的分析以及拥有超高的胆略。试想如果你是农民（下），你的同伴剩有三张牌，你会出 2 顶牌吗？如果你是农民（上），有小王两个 2，你会拆 2 吗？答案我说了不算，你说了也不算，实战中的结果才算。我们讲的是时机，只要地主错过了这一个时机，那么就等于错过了农民犯错的机会，也就会错过了胜利，这个时机才是根本。

三、隐蔽

这里说的隐蔽不是让地主躲起来，而是隐蔽牌张实力。不仅仅在中尾盘，即便是前期，也很关键，毕竟是“二打一”，无论是量还是力，都有可能不占优势，那么隐蔽实力、隐蔽牌型、隐蔽弱势是每个地主都需要时刻提醒自己的问题。

牌例 5–23

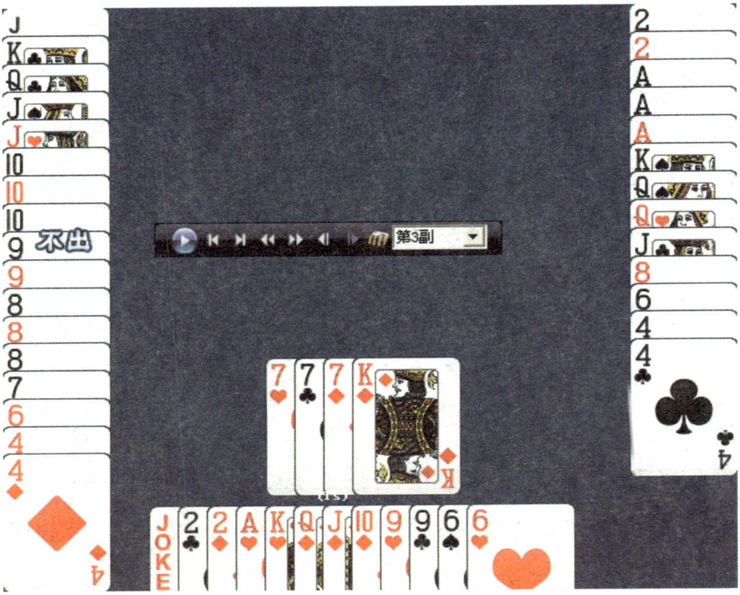

分析：前期讲的牌例都是正确的，这次我们举一个反例，就是要用暴露来说明隐蔽的重要性。看地主的牌比较强，好像怎么都能跑掉，用三个 7 带 K，乍一看也没什么不妥，因为 9 成对，如果三个 7 可以领出，当然带几没有什么区别，错就错在不能领出。全局分析，王、2、A 一张没出，地主三带 K 无疑是在暴露自己的单牌弱势，明确地告诉农民，我没有单牌了，你们看着办吧。本来农民彼此对配合毫无根底，而此时，地主给他们统一了思想，就是一定要出单。果真，三带被管上后，农民一直在出 10 以上的单牌，直到地主拆了对 2，聪明的农民又开始出对子了，结局当然很惨痛。如果地主当时选择三个

7带9，那么K就是必过的单牌，怎么打都是赢。地主很后悔呀，在战争最关键的时候，他亲自给农民做了个导航。

四、防范意识

从拿起底牌那一刻，地主的神经一定会绷得紧紧的，时刻防范着两个农民的黑枪暗器，但仅有这些还是不够的，千万别忘了另一种防范意识，就是开牌前的叫牌过程。前面所讲的牌例中，我们都没有讲开叫的过程，怕很多东西掺杂起来会造成混乱，单例出来更清晰一些。

牌例 5-24

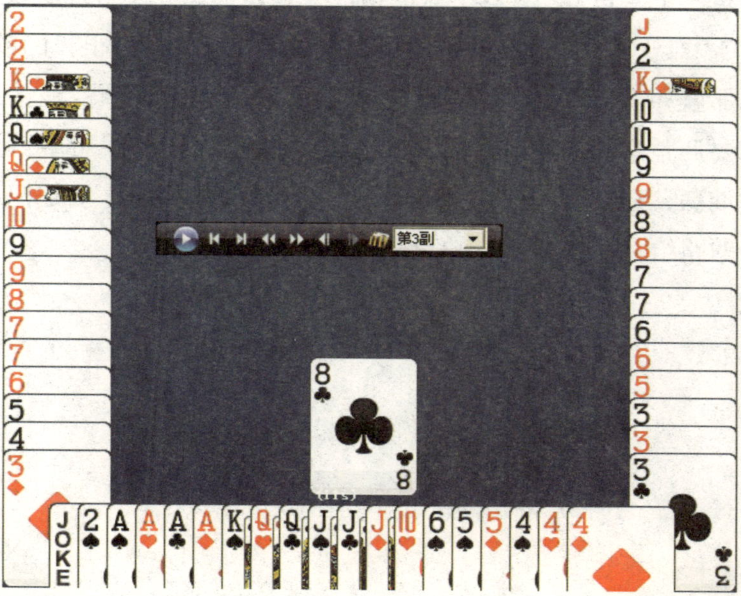

分析：下家叫过 2 分，按理说不应该争叫，但又觉得对不起四个 A，勉强 3 分看底。这手牌其实还是有赢面的，开牌时一定要注意，2 分应该充分体现了大王的坐向，位于大王的上家。开牌小单就欠思考，农民（下）的位置一般都是顺过，有大王再顺过危险系数无形中增大了很多。具体看牌，农民（下）此时根本不需要顺过，直接顶 K，前面讲过对于下家的顶牌，是要警惕的，地主此时警觉，盖了 2，农民（下）并未示弱，直接扑了大王，打了连对和三带，踏踏实实剩个 2，地主很悲哀，但是晚了，四个 A 未果。

针对这一牌型我们分析一下，开叫 2 分，农民（下）的牌应该有大王且不是很散，小单小对都不是开牌首选，三带一比较合理，因为自己手里有三个 J 作回牌，所以开牌应该是三个 4 带 6，看看下家的情况，领出后打一对 5，争取过对 Q，对于农民（上）的顶牌可以放过，如果他打出很长的顺子，那就相当难受了。下家叫过牌，上家的牌也很顺，地主一定要调整思路，变炸弹为四带二，为自己保留一线希望。谁输谁赢，还要看行牌，都有机会，但如果开单牌，就是把赢牌的路给自己堵死了，缺乏防范意识。

牌例 5-25

分析：看这牌，上家叫过牌，虽然只有 1 分，但地主忽略了，他完全沉浸在赢两炸的喜悦中，忘乎所以了，没有去防范下家的炸弹，断 6 这个事实早已经被淹没了，这个悲惨的教训告诉我们，防范贯穿始终，牌局没有结束，一刻也不能掉以轻心。

5.4 总结

一般总结的开始都是综上所述，没错，我也想说这四个字，但所综合的不是本章一个层面，而是第三到第五章的所有内容，因为这三章都是在告诉我们，怎么才可以做一个合格的地主。扑克牌之所以被很多人喜爱，就是因为其变化无穷，我们用了70多个牌例来讲解，已经包括很多牌型了，却依然不能囊括所有，可见其博大精深。还要提醒大家的就是，牌例是牌手打的，尽量不要用明手去想，解读的时候尽量把自己当做其中的一方，才能真正客观地分析并得到提高。

初学者也许会在这些牌例中感到眼花缭乱，不知所云，所以我想做个简单的总结。想做地主很容易，就是叫个3分，但做个合格的地主很困难，因为我们不是只玩一把牌，而是会在很多不同的环境里无数次地抓牌、出牌，要想在众多的牌局中占得上风，就要学会斗地主的很多技能。首先就是根据牌力实事求是地叫牌，然后20张牌的开牌，进一步适应地主的孤单，制订自己的攻防计划，在牌局中学会感性与理性的统一，谨慎地防范细节。如果这些都能做到，有人可能会说：“那就是出色的地主了。”不是，真不是，仅仅刚够格做个地主，因为后面章节我们还会讲技巧，只有做到上面说的，再把技巧灵活运用了，才能向出色的牌手迈进。

第6章

农民的武器

农民，从名字上就注定了是个被剥削者，怎么能翻身做主人，不仅是个人期望，也是整个社会的长久期望，在牌桌上也不例外。叫不成地主，多数情况下牌的劣势已成定局，幸亏有个朋友可以联合。怎么能合二为一给地主重重一击？要从全方位分析和考虑。

6.1 夹击

两个农民分别位于地主的左和右，对地主形成夹击，延续之前我们锁定的称呼，位于地主上家的称为农民（上），位于地主下家的称为农民（下）。因为游戏规则是叫牌决定角色归属，所以没有人能固定自己的称谓，也就是大家都有机会成为地主，也都有可能沦为任一位置的农民。这个不确定性使我们只能固定每个位置的基本任务和出牌方式。如果某个人在相同的位置打出超乎常理之外的牌，那就相当于用牌语在传递信息。怎么能够读懂信息，达到优化资源配置，取得最终胜利是每个玩家的追求，也是我们最终的探寻。

本章牌例中地主的位置请看图标。

一、门板

地主的上家位置极其特殊，他的一举一动都关乎着地主是轻舟快剑还是山高路远，所以被称为门板。

门板有两个最基本的任务，一是挡住地主的小牌，二是在行牌过程中能读懂同伴的需要，以便运输同伴渴望的牌型。当然什么事都有特殊性，如果门板持有一手好牌，或者能制控牌张，也可以用顺过的方式发出信息，争取跟同伴交换角色，以达到制胜的目的。

牌例 6-1-1

分析： 地主首开对 3，农民（下）顺过对 4，农民（上）的对 9 本来藏在一个通天的顺子中，但他果断拆牌顶住，再

看地主的手牌结构，如果顺过了对 6，基本就畅通了，所以这对 9 起到了门板的作用。农民（下）对 J 接手，再打对 5，农民（上）继续对 10，你来我往，地主束手无策，终于用两个 2 压了农民（下）的两个 Q，放单 5，如下图：

牌例 6-1-2

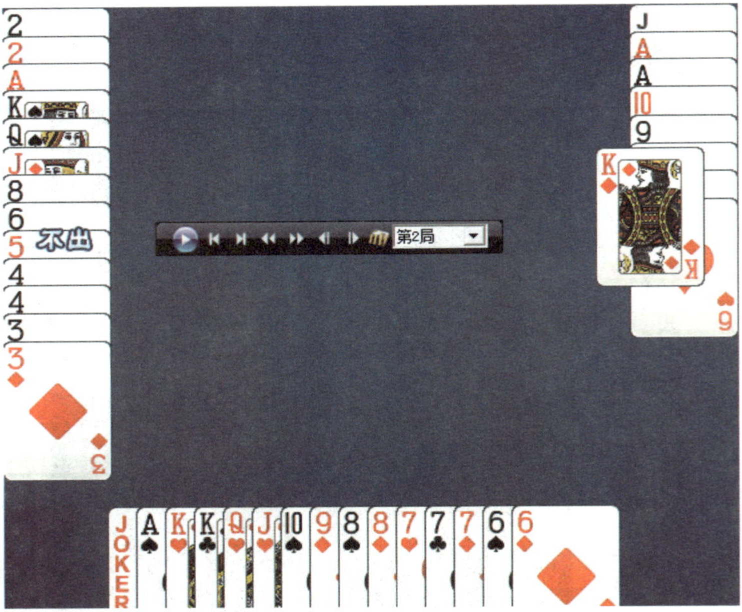

分析：农民（下）顶 K，此时的农民（上）一定不能随意放过。农民（上）分析一下，地主刚出过两个 2，自己手里有一个 A，外面 A 的分布不是 3 和 0，就是 2 和 1，不管是哪种分布，张数多的部分都应该在同伴那儿，否则地主不会

硬着头皮扑出两个 2。分析过后毫不犹豫地顶 A，直接问王的坐向，没有立手的地主必选择放过，农民（上）再打对子送出，把地主打出墙外。但在这关键时刻，农民（上）突然选择了节约，让地主过了 A，农民（下）盖小王，鬼使神差打出 678910 的顺子，把开局好不容易打下的江山拱手送给了地主。机会来了，地主当然牢牢把握，一个三带二领队，然后打 K 回王，胜利地挥了挥衣袖，两个农民追悔莫急。

在同一副牌中，从正反两个方面说明了门板关键的作用，当然最后一手输在农民（下），试想如果门板把作用发挥到了极致，那么农民（下）还有机会失误吗？

牌例 6-1

分析：前期地主一直在领出，直到打出 34567，农民（下）的牌也比较整齐，盖上 678910 后，还有一个顺子一个三带、小王和 2。他果断顶出 2，地主有点大意了，他觉得盖上大王打个三带，就算被炸，两个 2 也不难跑掉。农民（上）表现英勇，他已经判断出同伴的牌很好，并且小王可以领队，便果断炸掉，送一个小单，地主绝望了，拿着两个 2 已无回天之力。农民（上）的炸弹和输送立了汗马功劳。

牌例 6–2

分析: 纵看全局，农民(上)是三家里最强牌型，长顺子、两个大对对Q和对J，加三个2，5和7的小牌只要顺过一张，就很有可能逃之夭夭。所以在地主出小单，地主下顺过6的时候，他没有选择顶牌而是过了7，这是符合牌理的出法。大家不要认为门板一定是坚硬的，牌情千变万化，所有策略必须以牌为根本，曲线救国同样可行。地主过9，农民（下）顶K，放了小对，这时农民（上）更高兴了，他对J顶住，地主盖对K，拿到牌权，继续放小单，农民（下）顺过9，农民（上）顶K，地主选择了让牌，直接让出了一个胜局，农民（上）开出长顺子和三个2带对Q，一路小跑向远方。

二、地主下家

相对于地主上家来说，地主下家稍显自由，在地主出牌的时候可以顺势过掉手中的小牌（需要注意的是，地主下家经常担有放走同伴的责任，所以在出牌时要根据实际情况适当地考虑留有小牌），但我们所说的也只是常态，在某些特定情况下这个位置也可以选择顶牌。

（1）如果有好的牌型结构，直接用大牌去争牌权，一方面为自己偷袭成功开辟道路，另一方面也可以为同伴出逃奠定基础。

牌例 6-4-1

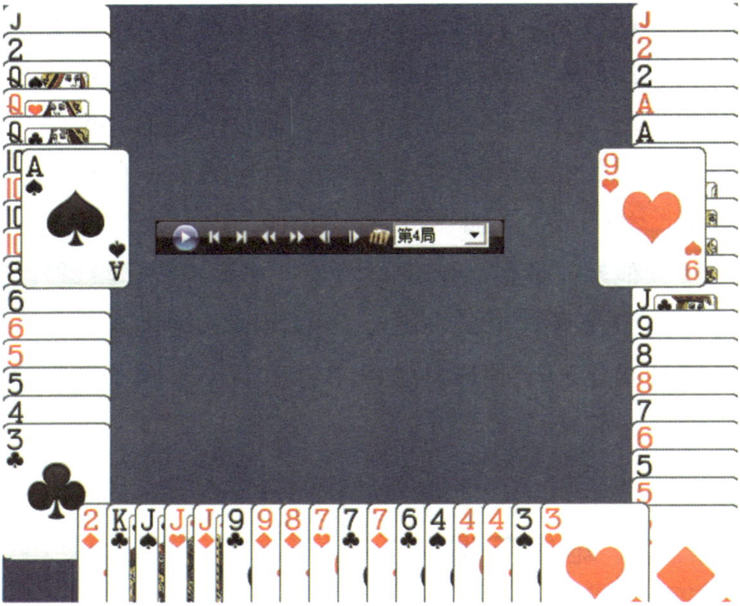

分析： 农民（下）持有四个 10 的炸弹，他有两种选择，一个是迅速缩短自己的手牌，另一个是让同伴迅速缩短手牌。自己有小王带 2，怕同伴能力有限，不如做个先锋探探路，在地主开单牌的时候，他选择直接上 A，顶牌的目的是看另外 3 个 2 的分布，还有告诉同伴，我的牌还不错。地主盖 2，农民（下）小王拿到牌权，这个时候他没有出号码临近、无法过牌的小对，依然出了单牌，同伴顶 K，地主让过后，农民（下）直接用 2 接牌，打出三个 Q 带对 5，地主很难受，但从前期出牌来看，这是必须要管上的，否则就会失败，如下图：

牌例 6-4-2

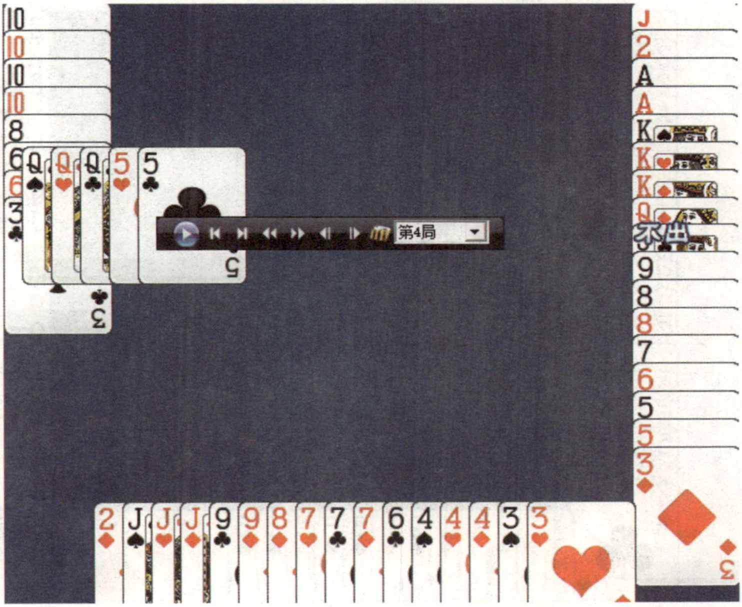

分析：这手牌彻底破坏了地主的牌体结构，他用三个 K 带对 5 管上后，开始了单牌行程。我们分析一下，农民（下）的三带对其实是闯牌，如果可以领出，他一定四带二迅速跑掉，被打压后，也很沮丧，在地主的小单牌中过了 8，就手握炸弹开始等待。这个时候农民（上）英勇地拆了三个 J，把地主打成单牌结构，给同伴赢得了宝贵的机会。地主很后悔当初不如让农民（下）四带二计划得以实施，至少可以不输炸。

（2）自己在某种牌型上有些许控制，地主出手时就将其扼杀在摇篮里，从而使出牌的节奏和方向变为自己可控的范畴。

牌例 6-5

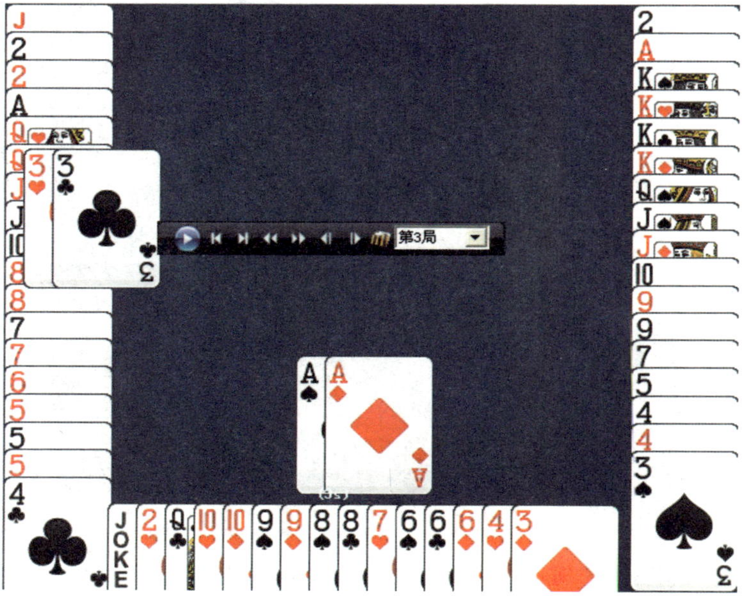

分析：农民（下）手牌比较完整，三带连对，都是速度比较快的牌型，要想跑掉，牌权不可忽略。地主首出对子，持有对 2 的可能很大，如果让其再过小对，对 A 也许就会失去牌权，不如先下手为强，一对 A 管上后，改出单牌，小王带 2 还会拿个牌权，节奏掌握好了，就可以溜之大吉。果然，地主让了对 A，农民（下）开始打单牌，同伴顶 10，地主过 A，农民（下）盖 2，拿到牌权后再次出单，同伴顶 Q，地主居然让牌，这个消息比较利好。同伴没有改牌路，继续攻击单牌 9，地主过 10，农民（下）过 Q，地主第三次让牌，终于给农民（下）让出了胜利，连对加三带，挡也挡不住了。整副牌的转折就是最初的一对 A，彻底打乱了地主的阵脚，当然他后期处理软弱也是一个很大的问题，但是要没有那对 A，农民可能就不会有抓住地主失误的机会。

6.2 团结就是力量

团结就是力量，千古传承的真理，斗地主游戏使这个真理得到深刻的演绎。人数是农民最突出的优势，把这种优势融入技战术的统一中，经常可以给地主以当头棒喝。任何事都是个矛盾体，如果每个个体都在强调自己的权与利，那么农民斗地主也就成了三国鼎立，按这种态势走下去，最终的结局是什么呢？就是强者胜，无可非议，地主是三个人中最强者，所以农民如果想赢得胜利，团结是根本的理念。

一、因沟通而统一

纸牌游戏中的沟通不是靠语言，更不靠眉来眼去，那些都属于犯规行为，而是靠牌语，也就是同伴出的每一张牌。每一个牌型经常都代表了一种语言，读懂了这个语言，就可以达到意识统一，在牌力配合下使这个统一得以延伸直到取得胜利。

牌例 6–6

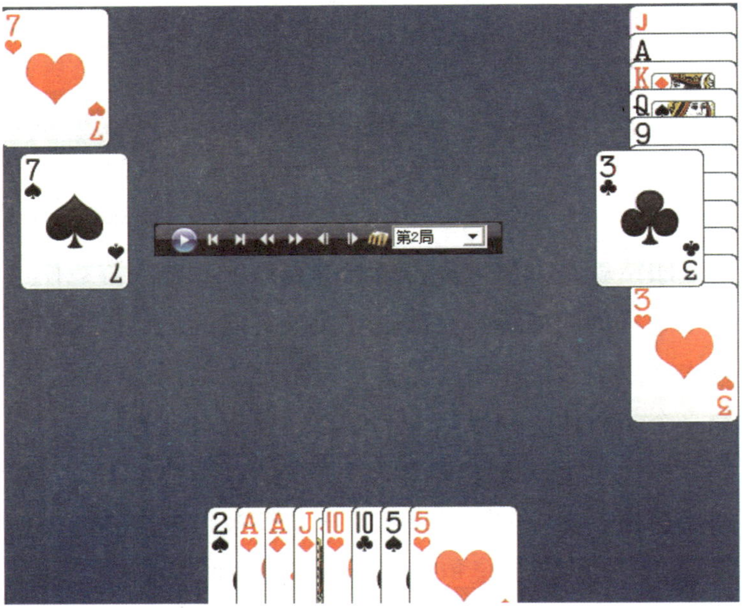

分析： 前期的行牌农民（上）以最快的速度把自己打成只剩一对 7，农民（下）进手后无法判断同伴剩的是对子还是两张单牌，他拆了两个 3 打出一张，这等于就是一个牌语，牌语中带有命令，即我在单牌上有控制，可以放走你，如果留有两单就顺过一张，如果留有对子，请你拆掉。同伴读懂了，果断地拆了对 7，农民（下）大王回手再打出一个单 3，两个人达成一致，计划成功。

二、因捕捉而知彼

从地主开牌那一刻起，两个不同位置的农民就要开始关注地主的信息，从他开牌的牌张和牌型进行判断，从自己或同伴第一次进手转换牌型后开始捕捉地主的弱项。如果说沟通是知己，那么这种捕捉就是知彼。两者都做到了就是知己知彼，后面当然是百战不殆。

牌例 6–7

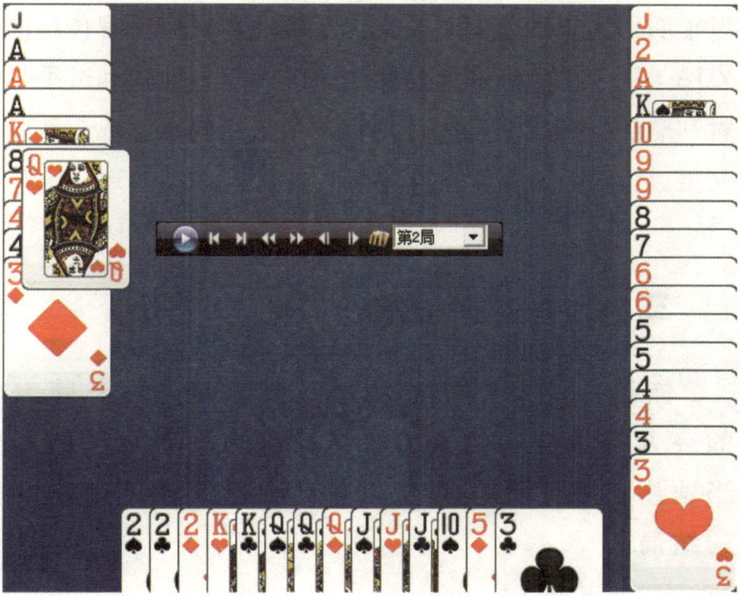

分析：地主首出678910，农民（上）78910J盖过以后打单Q，地主放过，由此捕捉到的信息是，单牌是地主的弱势牌型。农民（下）用K接过，这是第一牌语，告诉同伴我在单牌上有所控制。地主不敢放下家的大牌，拆了3个2压上，农民（上）出小王后又顶出K，地主依旧放过，农民（下）用A接过，这是第二个牌语告诉同伴：单牌我欢迎，请继续。地主又拆了一个2，农民（下）的大王没有管，因为外面明显还存有一个2，而自己还有两张小单没有过，看地主的牌比较弱势，肯定还有小牌需要处理，让一手看看情况。拿到牌权的地主闯出两个K，被农民（上）两个A盖过，此时他心里很明白大王的坐向了，义无反顾地再次用单牌传给同伴。农民（下）的大王和2是两个单牌牌权，他顺利进手打了连对和顺子，完成了歼灭计划，两个人用牌语达成一致，配合完美。

三、因掩护而治敌

掩护一定要在初步沟通达到默契之后，牌力较弱的一方拼尽自己的全力来掩护牌力高于自己的同伴，当地主被伤了元气起身再战时，已改变不了功败垂成的结局。

牌例 6-8-1

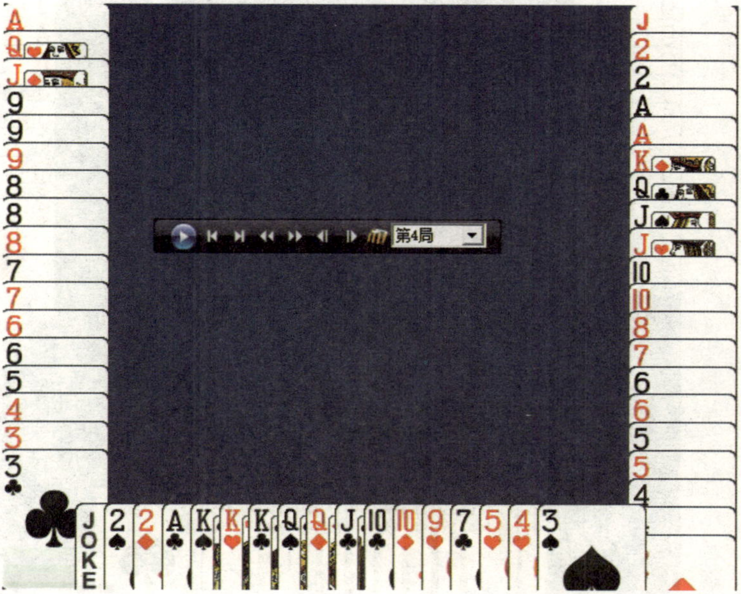

分析：看整体牌的实力，地主还算比较强，农民（上）虽然大牌结构也还可以，但 7543 的散张完全降低了牌力。地主首开单 7，农民（下）直接顶 J，大家看他本身是一把的小牌，有四种牌型蕴藏在这些小牌里。农民（下）顶出大牌可以一举两得，一方面给地主错觉，不让他小看自己，一方面可以节省同伴的力量，起到掩护作用。前期地主果然上当了，和农民（下）单打独斗损失了一些实力，等第二个 2 进手满心欢喜打出连对的时候，又被农民（下）盖住了，真是天不作美啊，如下图：

牌例 6-8-2

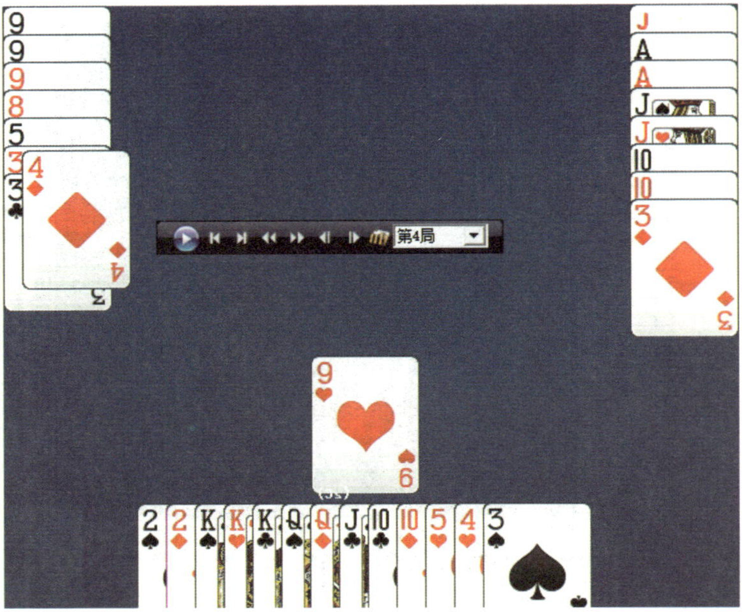

分析：我们由衷地称赞农民（下）是个高手，前期的拼杀让他完全摸清了地主的牌，连对进手后，他没有选择改变牌路，依然出单牌。此时开局留有实力的同伴成了强者，剩有三个对子的地主由于体力透支，在拼杀单牌上明显力不从心，拆了两个 J 以后孤注一掷上大王打对 10，想用对 A 领队，结果束手被擒。农民（下）整体发挥相当出色，他一手小牌，却把每个牌张都发挥了最高的效力，让心急的地主输于智斗。

四、因合力而断金

对于善于单独作战的地主，经常避实就虚，把自己伪装得很好，前期信息不好捕捉，他们喜欢把自己放在后置地位，先看表演，然后收网。这个就需要两个农民更深刻地整合自己的力量，拼尽每个牌张的能力，切忌前期你来我往，后期武功尽失，最终拱手称臣。

牌例 6-9-1

分析：从旁观者的角度来讲，大家初看这局牌认为地主会输吗，会输炸吗？我认为不会，至少不会输炸，你呢？

从开牌就可以看出，这是个善于后控的地主，单牌不是主体牌型，他却选择作为首出，明摆着是想上演瓮中捉鳖的好戏。他认为三个2一个大王可以完完全全地控死农民了。农民（下）过J，对于没有KQ的农民（上），拆A就会损失牌张实力，放过是最好的方式，正好可以看看断张的情况。地主出A，农民（下）盖2，拿到牌权，打出三个5带对7，这是一手好牌，这手牌瓦解了地主的全盘计划。地主无奈地拆了顺子，用三个Q带对10管上了，农民（下）毫不手软地打出了三个K带对10，然后出对4。我们看，农民（下）从一开始就明确判断出地主的弱项是对子，而且在带对子的时候也一直在带自己手里的大对，留有小对给同伴接牌，以此告诉同伴：我没有单控，如果要想赢牌，就把对子出到底。农民（上）完全意会了，他对J接手，打出两个三带一，然后出对A，剩有四个8一个7，稳稳地把地主送上断头台。

地主有机会吗？当然有。首先开牌34567是必须的，这么小的牌留在手里完全是累赘，而且断8，还是个很好的勘查机会。领出后，发现了农民没有顺子，8基本已经成炸，这个时候要迅速减少牌张，把牌打成单双不过型，继续打910JQK，然后单10，回大王，闯对A，留三个2带对Q，敌人一定没法炸，怎么都能以胜利收官。

6.3 斗的关键点

斗是乐趣，但这个乐趣来之不易，不仅要自己努力，还要认真做到与同伴联手抗敌，中间稍有放松，就会前功尽弃，有几个需要把握的关键点，是每个农民都需要注意的。

一、机不可失

俗话说，机不可失，时不再来。地主需要时机，但由于其牌势稍强，更多的是需要把握。农民的时机，经常是在恶劣的环境下创造的，所以需要加倍珍惜。

牌例 6-10-1(右侧为地主)

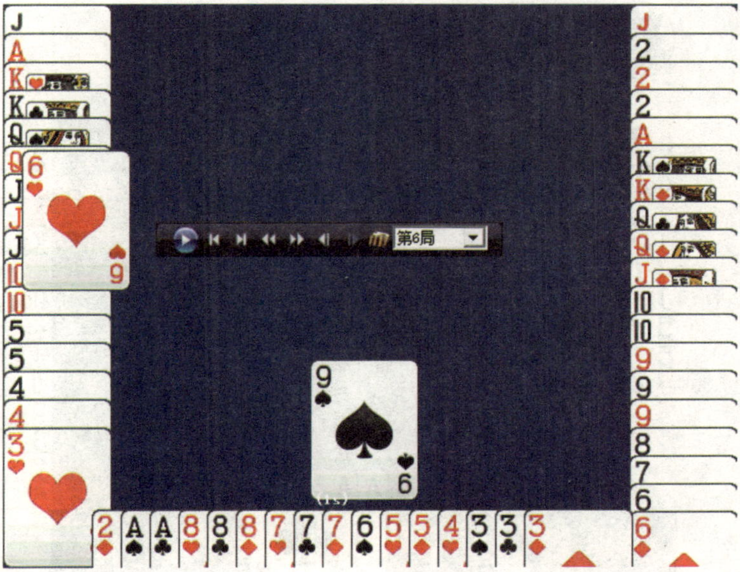

分析： 在整体牌局中，对于牌型比较整齐的农民来讲，机会

在于开局，因为开局很多牌还不够清晰明朗，地主在摸不清局势的情况下不会滥用自己的牌权，尤其是农民（上）的这个位置，如果能把牌打剩到一张或者两张，就应该毫不犹豫地先出一张大牌，不要以为自己顺过可以机会更大，因为你的下家是地主，你是个没有叫牌能力的人，是自己过牌的机会大，还是他过牌的危险大呢？结果可想而知。这局牌我们看一下，地主首开单牌，农民（下）顺过 6，此时农民（上）应该直接出 2，一是看有没有火箭的存在，二可以看大小王的分布，三如果进手，那么可以开飞机打三带，出对 5 回对 A 剩单 9，估计地主就没有什么机会了。实战中他选择过 9，等于给了地主机会，如下图：

牌例 6–10–2

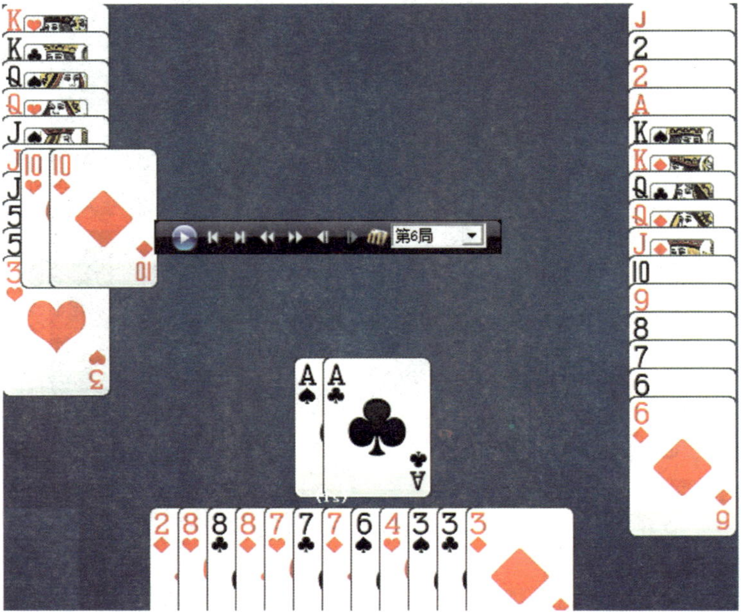

分析：上一手，几轮单牌交错，同伴的小王牌权后出了一对 4，农民（上）顺过了对 5，地主高兴地过了对 9，由此丧失了第二次机会。试想上一个轮次直接出对 A 是不是也是好牌呢？地主定要三思才会考虑压不压，当时对 9 未过，如果把对 2 出了，外面另外一对 K 也会成为控牌，所以地主很可能会让牌，那么飞机三带依然可以称霸。既然已经选择过小，同伴的这对 10 是万万不能上的，此时是出手最错的时间，这个对 A 完全拿不到牌权。前期一直在过小牌，地主一定已经知道你有连牌可以跑掉，而且你顺过的小牌他也跟着顺过了，大好机会葬送了，还白白送给地主一个对 A 控。明明两次趁老虎睡觉时可以虎口拔牙，由于软弱，机会被白白葬送了，最后只能死于虎牙。

二、大局

农民是个集体的统称，只要是集体就必须有大局观，其中的每一个人都要遵从大局观的需要，哪怕这个集体只有两个人。

牌例 6-11-1

分析： 纵观总体，地主应该很难赢，除了对 2 和四个 4 几乎没有至高的牌权，只要农民好好配合，至少也不会输炸。首开单 3，地主初步做的是赢炸计划，农民（下）顺过 5，农民（上）没有选择顶牌而是顺过 10，这无疑在告诉同伴，我的牌整体还可以，有跑掉的可能，你要配合我一下。地主过 A，这说明什么？此时农民（下）一定要思索一下，地主很可能就有一个 A，如果是两个或者三个，不会在开局就拆，那么另外三个呢，在同伴那儿的概率很大，自己又是两个 2 三个 K 的结构，地主叫的 3 分，没 A，也许小王两个 2，这是初步的推算，所以对于这个 A，可以果断拆 2 压上，看看小王的位置到底在哪里。他居然无视同伴的牌语，丝毫没有大局意识，很随意地放过，导致同伴直接出了小王，牌从这里就出现了错误导向，现在可以基本明了，地主有另外两个 2。农民（上）小王进手出对 7，地主直接对 Q 压住。这又说明了什么？三个 A 和 K 的位置已经明确了，对 Q 是最大对牌，只能说地主只有这一个对子可以出。农民（下）必须果断上对 K，再传小对给同伴，但他又一笑而过了，他一定觉得自己手牌这么好，赢根本不是问题，完全不去思考地主的牌型结构，也不去顾及整体情况。这两个 Q 就是地主的反间计，他成功了，领出了一手十分关键的牌，再次打出小单 6，农民（上）顶 K，进手，打三个 J 带 3，如下图：

牌例 6–11–2

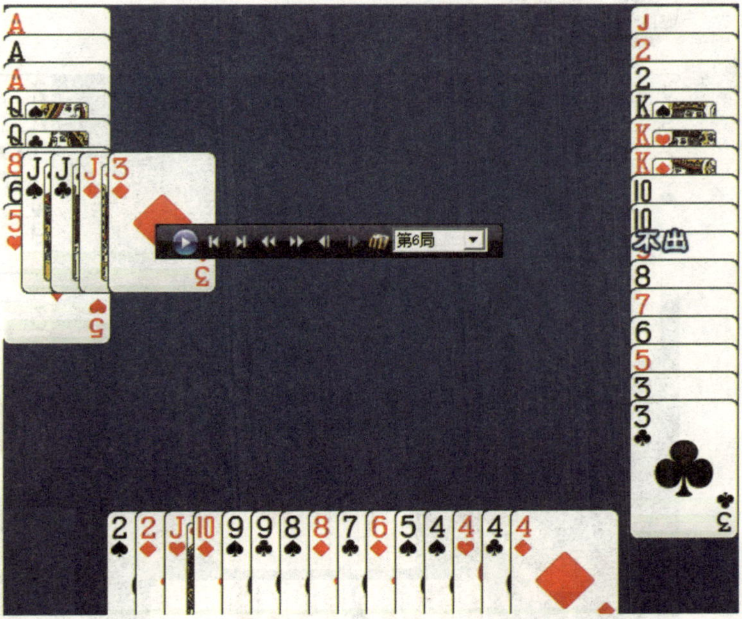

分析： 这三个J宣告，地主手里6张的顺子是大牌了，也同时宣告农民没有机会了，除非农民（下）能打出两个K接手拆小单顶Q的完美配合，前期的简单都做不到，何况后面要求得过于完美了。整个行牌农民（上）基本没有问题，没有大局观的农民（下）真的就是一个农民呀。

三、露张

在行牌过程中，对于没有暴露过的牌张号码，农民一定要注意，尤其三带一或者四带二带牌的时候，尽量避免从来未出现过的，让地主感觉还有炸弹的危险，给自己创造出逃的机会。

牌例 6–12

分析：此时农民（上）拿到牌权，他应该做如下判断，前期行牌自己没见过 5，地主有个 5 炸的可能性不小，那么 3 就是地主唯一没有见过的牌张，所以出三带一的时候要带 8，不可以带 3，用意在于迷惑，让地主感觉同伴有个 3 炸。地主如果放过这一手，农民（上）再出两个 A 来考验他的胆量，如果地主有所顾忌，自己的阴谋就会得逞，此时出 3 留小王，美美的成为漏网之鱼。当然看到明手，地主随时可以炸牌，怎么出都是输，但不露 3 对于农民就有一线生机。

四、转折

在前期行牌过程中，两个农民可以统一战线，找到地主的弱势进行攻击，在地主左躲右闪的时候，千万不能改变牌路，给地主以转折的机会。

牌例 6-13-1

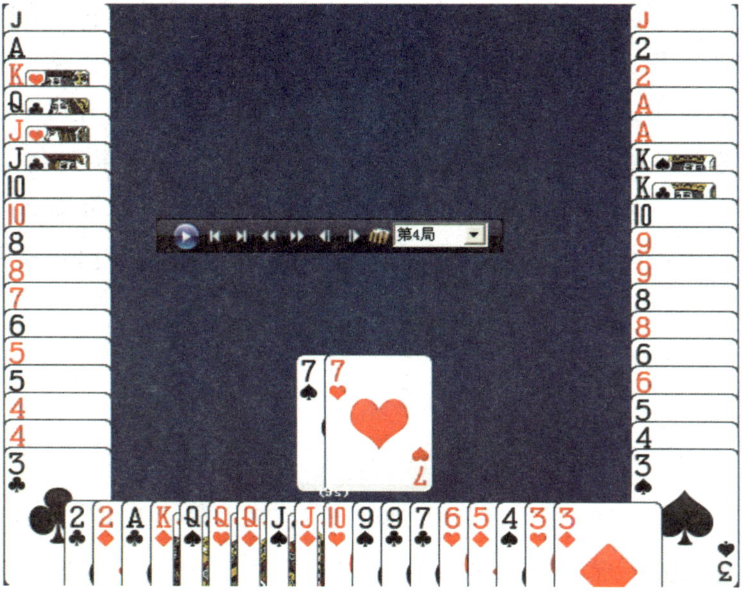

分析：看结构地主为弱势，首出一对 7，农民（下）盖对 8，地主过对 9，由此证明，对子为地主的牌型主体，很可能有两个 2 的控制。农民（下）盖对 K，拿到牌权改出单 4，以此告诉同伴，我单牌有控。于是三人开始了几轮单牌的交错，在农民（上）用一个 Q 拿到牌权后，出了顺子 34567，地主用 10JQKA 盖住，出单 3，农民（下）顺过 5，农民（上）顶 J，地主出 Q，这个 Q 应该引起注意，因为前期在交错单牌的时候，地主已经出了一个 Q，可见他手中全是对子，农民（上）

用小王盖上后再出单 J，地主还是放过，如下图：

牌例 6-13-2

分析：剩有 8854 的农民（上）这个时候是死也不能改变牌型的，根据前期的行牌判断，地主有对 2，同伴控大王几乎成为定局，如果怕 5 和 4 被地主过了小牌，可以拆 8，永远要打单。在最后时刻，农民（上）犯了至关重要的失误，给了弱势地主一条生路。

五、牌张价值

54 张牌，每一张牌都有其不同的价值，尤其是制控的大牌，由于其控制力较强，而更具有不可忽视的价值。农民的牌本身就会弱于地主，所以更应该把每张牌都发挥出应有的作用，才有可能锁定胜局。

牌例 6–14

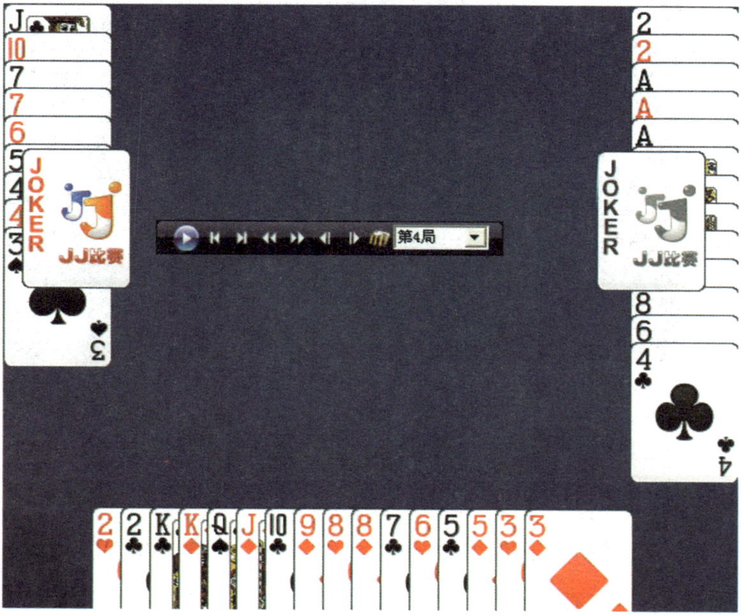

分析： 地主首开了 456789 的顺子。农民（下）910JQKA

盖上，有大王的他出了一张 3，可以认可，同伴顶 Q，地主直接出了小王。这个时候大王能压吗？一定不能，外面 4 个 2，一个未见，地主必定在用小王为 2 争牌权，至少要再看一下 2 的分布才行。农民（下）的大王出得毫无价值，致使后半局完全丧失了机会，地主用两个 2 走掉手中的小单，兑现 8910JQK 的顺子和三个 A，胜利地笑了。

六、小问题

在选择三带的时候，不要太随意，只考虑自己的散牌，要尽量选择带地主的弱势牌型，比如他的单牌弱势就用三带一，同理他的对子弱势就用三带对，自己可以直接跑掉的除外。

6.4 人性的弱点

很多人说，斗地主游戏中的农民配合不仅仅是技术问题，还可以上升为人性问题，这句话其实很有道理，尤其是人性的弱点，常常被体现得淋漓尽致。这节，我们主要讲一些由于这个原因所引起的失败，警醒广大牌友，防微杜渐。

一、自以为是

叫了地主，自以为不是大问题，赢了高兴，输了活该，需要面对的只有自己。但当农民就要弄清楚，所肩负的任务不是仅仅对于一个人，还有个搭档坐在旁边，你的一举一动都关乎于一个小集体，所以切忌自以为是。

牌例 6–15

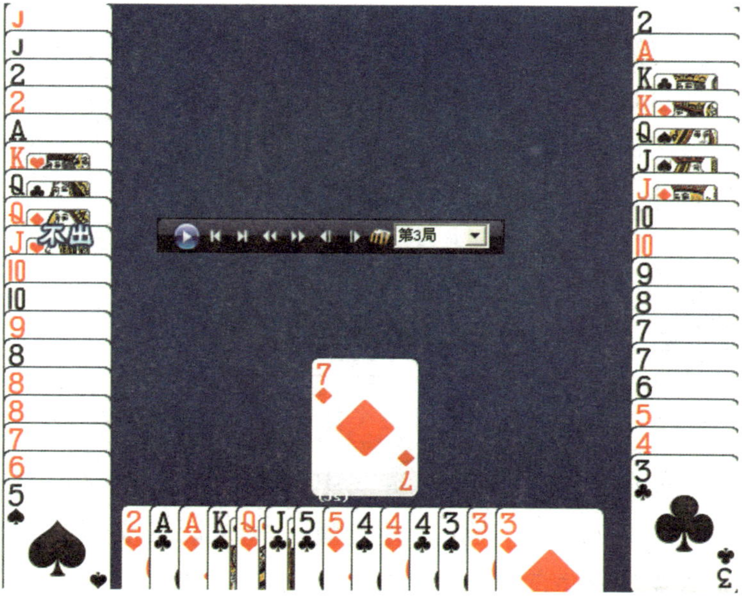

分析：地主首开一对 6，农民（下）过对 9，地主让牌，

说明什么？地主把对子作为首开，对 2 有存在的可能，对 9 让牌，证明手里还有小对未过，而且对子不是主体结构。如果地主单牌较多，完全可以开单，对子留着偷过，可见单牌也不是主体牌型，剩下的只有顺子和三带了。地主具体是哪种牌型，还要在后期观察，所以农民（下）转换牌型攻击单牌是对的。作为农民（上）来讲，如果能考虑得很周全，应该过 K 看一手，自己的牌确实很紧凑，但万一给地主送了牌权就是件莽撞的事，过了 K，基本 2 和 A 的分布就能相对明朗。我们看，K 对地主来讲真的很棘手，A 可过，但顺子就失控了，拆 2，对子失控，无论他出哪张，两个位置的农民就都多了逃跑的机会，最差结果也是被迫拆王。显然农民（下）想简单了，他完全没有从第一轮的出牌中嗅出地主的牌体结构，而是一味觉得自己三个五张的顺子可以掌控胜局，甚至梦想着反春，于是直接上了 2，打了 34567。农民（下）很致命的自以为是，就注定了输炸的结局，地主 10JQKA 盖上后，出对 8，回对 2，很轻松地开出了火箭。所以我们在前期缺乏沟通和捕捉的时候，尽量多想一些，避免把胜利当作礼尚往来。

二、各自为政

各自为政的意思是：按自己的意思走，不考虑全局，不去从每一个牌张中揣摩同伴的意图与牌力。这样做造成的结果就是鹬蚌相争，地主得利。

牌例 6-16-1

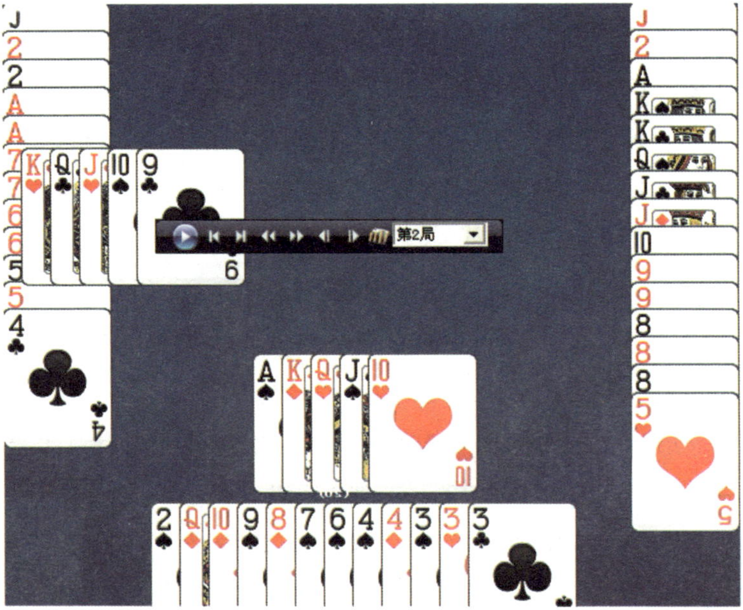

分析： 地主首出了 34567，农民（下）910JQK 盖过，农民（上）争出 10JQKA 是完全错误的，他的牌型结构是比较整齐，开出速度也快，但要注意的是其他牌张都是小牌，很难领出。地主选择开了小顺子，手里不一定没有回牌，这手放过看一下以保证自己两个顺子都可以带队。开局的时候我们所做的就是观察，尤其是在自己牌顺的时候更要给顺利出行一个保障，地主的首出不会是乱打乱撞，敌人的条理碰上自己的混乱，结局就只剩一个字了，不用猜，输字已经写在脸上。拿到牌权的农民（上）选择先出三个 3 带对 4，地主很高兴，用三个 8 收回失地，打出单 5，农民（下）直接上了小王为手中两个 2 争权，地主这手没敢放过，压上大王，再打出单 J，农民（下）直接出 2，如下图：

牌例 6-16-2

分析：不知他是被即将带来的胜利冲昏了头脑，还是对前期同伴的压牌存有报复之心，更甚的是犯有小农意识，明明可以打连对，两个A，成功跑掉，他居然鬼使神差地打出了一个4，准备用2回牌，结果很搞笑，农民（上）用2接手打出678910，彻彻底底把胜利送给地主。两个农民完全没有配合地打完整局牌，没有人顾及还有个同伴，争相想打完自己手里的牌，就像两个内奸，从而让结局有了质的改变。

三、小农意识

在斗地主的游戏中，最忌讳的就是小农意识，光想着自己的一亩三分地，明明先打明大的牌可以跑掉，非要留作后手，不去想还有个同伴，结果被地主牢牢地困住，此举实不可取。

牌例 6–17

分析：地主（上）牌权在手，此时可以打个 2，领出后迅速跑掉，地主等到牌张这么少还没走，证明还有散牌没处理好，即便被炸也可以给同伴留有机会。可他犯了小农意识，认为留个 2 一定没问题了，外面除了这个 2 还有两个，在没有王的情况下谁先进手谁就是王，可见他忽略了这一点，丧失了到手的胜利。

四、意气用事

办事主观缺乏理智被称为意气用事，这也是斗地主游戏中不可取的，因为会造成无谓的牺牲和失去成倍的利益，完全得不偿失。

牌例 6–18

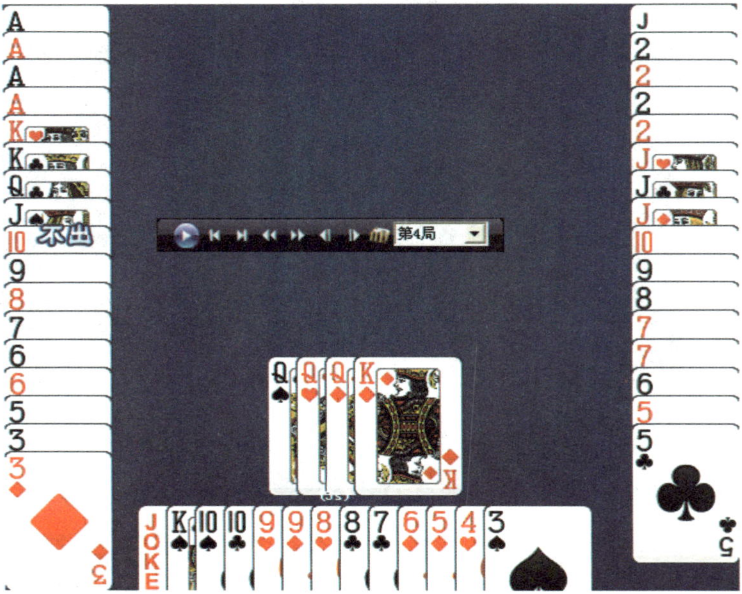

分析：地主首开三个 4 带 3，农民（上）三个 Q 带 K 压上，领出后打连对 88991010，然后继续打 34567，地主出 678910 盖上，农民（下）出 8910JQ，拿到牌权出单 5，农民（上）过 K，

留有一张大王。行云流水一般的顺利出牌，农民处在必胜无疑的地位，地主无奈只能盖小王，看看运气倒向，如果农民（上）剩的为大王，那就是天灾了。此时农民（下）应该判断，同伴前期出牌流畅，最小单牌为K，留的一张不是2就是大王。地主用小王盖牌有两种可能，一是他只有小王，二是他拆了火箭，这两种可能都意味着不能用四个A炸牌，地主只有小王，同伴必是大王，那四个2就一定在地主手里，四个A出去会很危险；地主拆了火箭，证明他的牌型未整，让一手，也是明智之举，这些分析完全符合逻辑，也应该是牌局中最理智的思考，但是农民（下）根本就没考虑，犯了意气用事的错误，直接扔出了炸弹，逞的是匹夫之勇，把唯一的胜利机会丧失了。地主乐开了花，四个2压上，打出三个J带对5，策马扬鞭而去。本来赢牌，结果输了两炸，多么痛的领悟啊！

第 7 章

记牌

任何一种牌类运动,学会都很容易,如果想步入高手级别,四个字:难上加难。斗地主也是如此。牌好可以赢,赢在运气;胆子大可以赢,赢在概率;别人失误可以赢,赢在意外之喜。那么什么是赢牌的硬道理呢?有人说:你们在3至6章不是已经讲了那么多可以赢牌的道理吗,都做到了就可以赢。我们给能想到这点的朋友点个赞,但这还不是全部,因为还有一个重头戏要没有登场,那就是记牌。

我们之所以把记牌单列一章来讲,首先,因为无论你想做一个出色的地主还是想做一个出色的农民都必须要做到这一点;其次记牌是牌类竞技最基础的功夫,也是每个牌手最渴望的能力。

7.1 初级阶段

记牌是一个逐步熟练的过程,不要强求一开始就眼观六路,那样反而会分散出牌的感觉和第一时间的判断,只有分阶段一步步练习才能逐渐形成一个良好的习惯。

在讲记牌的环节,我们觉得可以忽略火箭,如果一个牌手连大小王都记不住,那就不要想成为高手了,娱乐游戏是最好的选择。

一、排查

记牌是成为一个高手所必须经过的炼狱,无论对于农民还是地主最基础的就是记住牌张号码,并通过所出现的号码结合各家行牌来逐步判断出对手或者同伴是否存在炸弹。因为炸弹的出现不仅可以扭转牌局还对结果形成利益的加倍。分析出炸弹的存在与否不仅可以正确地选择出牌的方式，而且还可以通过努力拆掉对手的炸弹并最大限度地减少损失或扩大成果。

牌例 7–1（最下侧为地主）

分析：地主开牌出的 456789，没有人管，这时地主就应该开始有所警觉是否会有四个 10 存在导致小顺子做大。随着牌局的一步一步走向尾声，10 依然没有露面，现在依然是地

主掌握着出牌权。同时他也知道自己的三张3是一定不大的，一旦脱手就可能面临再也无法进手的逆境，尤其是自己的下家所剩余的牌张已经不多了，进手后可能随时就可以出光。面临着两难的抉择，地主决定出三带二，这样既可以保证进手方的单牌不会被三带一带走，也可以保证避免可能存在的炸弹袭击。如果现在选择出单牌就只能祈祷没有炸弹了，因为一旦炸弹存在他将遭遇万劫不复的败局，但这种祈祷在大多数情况下都只是自欺欺人，因为之前的牌局变化已经非常清晰地提供了存在10炸的线索。

二、大牌记忆

记牌是个辛苦的过程，但一旦养成好的习惯就能收获丰硕的果实。如果你在一系列混战之后知道自己的一张J是大牌了就不会再因为想先出小牌用J回手而丧失牌权，进而导致可能丧失整个牌局的错误。

牌例 7-2（最下侧为地主）

分析：农民（下）现在首出，他需要在 A88 中选择正确的方式。农民（下）对前期行牌中的大牌做了细致的观察记忆，他知道四张 2 全都出过了，地主也出过小王，那么最后一张大王在谁家呢？农民（下）在几手之前用 2 进过手，那时地主也是剩下最后的两张牌了，而且那时所有的牌张号码都已经出现在台面上了，地主并没有盖上而是 PASS 让自己继续出牌。农民（下）通过记牌分析得出准确的结果：大王在农民（上）手中。在这一结果的指导下出 A，直接结束战斗。当然我们看到明手，无论农民（下）出什么都不会失败,但作为他个人而言,并不知道结局已经注定,万一地主的两张牌为一对 K 呢，所以他的选择是正确的。

7.2 中级阶段

记住了断张和大牌，并且已经养成了每局牌可以轻松关注的习惯，我们就要进入更深一层的记忆了，就是对横向组合及纵向组合的牌张进行关注和推断。

一、对子和三带

对子和三带都是横向牌型组合，即重复的牌张号码，判断能否领出，全凭对外面出过几张的记忆。对子是较为常见的牌型，一般需要记住号码比较大的就可以；三带相对少见，如果想后期控制,还需要多记一些号码。牌手要凭自己的能力，当然可以记到 4 和 3 是我们最为提倡的。

牌例 7-3（最左侧为地主）

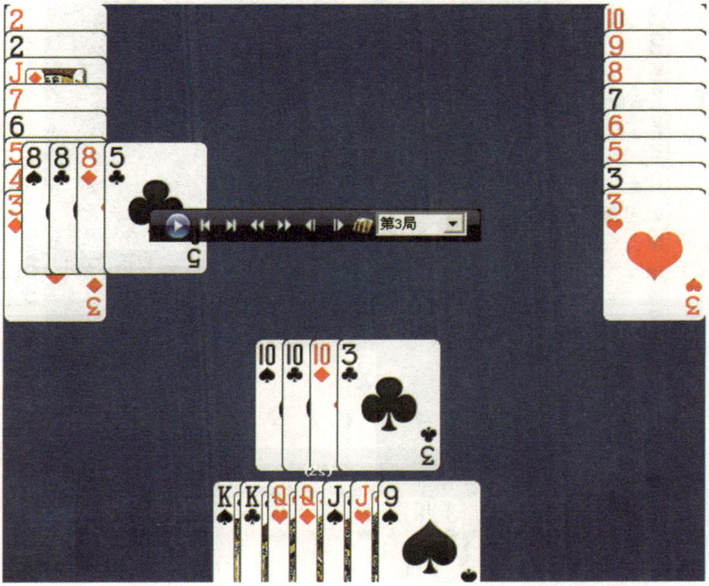

分析：能打出这手牌说明什么，地主一定没有记牌，三个 8 根本不大，在尾盘打出无疑是葬送了到手的胜利，前期两个王已经全部出过了，2 为最大单牌，虽有四个 10 在外，但这个时候已经不是测断张的时候了，因为测成功一定与失败是同盟军，只有控制住整体才能更加靠近胜利。先出单 5，看看情况，回 2 后，再出单 J，再回 2，这是唯一可以胜利的决策。

牌例 7-4-1（最下侧为地主）

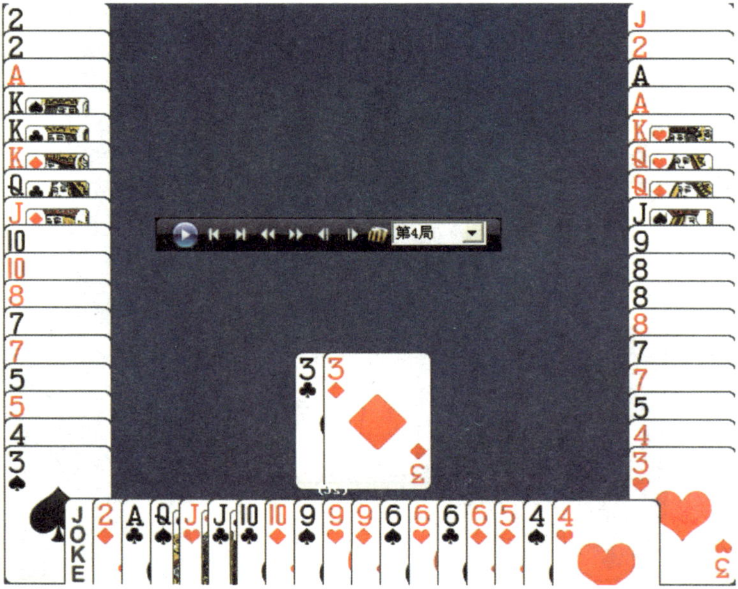

分析： 完全的弱势地主，我想开局他一定没有必胜的信心，能帮助他的唯有深厚的基本功底，每一轮出牌都要记住，自己的对 J 对 10 是否可以做大，三个 9 什么时还可以领队，断 K87 是否有炸弹的威胁全都是未知数，开牌对 3 很无奈，却是必须。农民（下）过对 7，农民（上）放过，地主出对 10，农民（下）盖对 Q，拿到牌权，改出单牌 4，农民（上）顶 A，地主直接盖 2，进手后再出对 4。农民（下）直接上了对 A，这手牌无疑是错误的，损失了牌张效力，但拿到了牌权，再出单牌 5。农民（上）顶 Q，地主虽然弱势，但却毫不示弱，直接盖了 A，农民（上）拆 2 压，地主放过。农民（上）再出单 J，地主过 Q，农民（下）盖 K，地主直接上了小王被大王压上。农民（下）大王牌权出 3，农民（上）过 8，这时候一直默默记牌的地主发现号码全现，整体只有自己一个 6 炸，他悄悄松了一口气，如下图：

牌例 7-4-2（最下侧为地主）

分析：地主拆 J 盖 8，农民（上）出了另一个 2 拿到牌权，打出所有的对子，最后一手出了三个 K 带 3，这是唯一能盖

过三个9的结构，地主当然很清楚，他毫不犹豫地开出6炸，打三个9带5，艰难地完成胜局。整体牌局的胜利与记牌息息相关，不能有半点松懈。

二、顺子

顺子的大小通常难以推断，因其纵向组合较其他牌型复杂，需要记忆的号码偏多。当然如果3到K的号码都记住了，一般人很难做到，那怎么办呢？记住关键牌张，即10、9、8。这三个牌张号码对于一副顺子牌至关重要。有人也许会说："这有何难，不就是三张牌吗，10、9、8记住了。"你想过吗，一副牌里有几张10、9、8呢，12张，对吧，而且这12张牌贯穿着整个牌局的任意时刻，你能记住吗？

看到三个10后你就能踏实地知道5678910是大牌了，同理见到4个9你就能放心打出345678。进一步分析，如果8888已见，手中的大顺子就可以稍安勿躁静等对手把小顺子送上门来，因为如果8断掉，外面8以下的牌如果要尽快出逃多半会以小顺子的形式出现。对于手中的大顺子，同样靠上述对关键号码的判断也能起到重要的作用。

牌例 7–5（最下侧为地主）

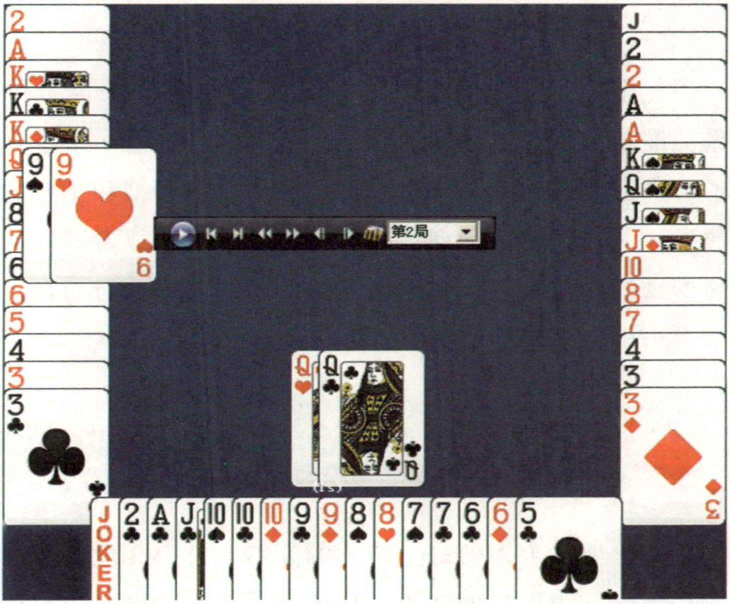

分析：地主的牌呈弱势，但还比较完整，有两个套在一起的顺子，断 K，为了能在开局摸清炸弹存在与否以及顺子是否能够领出，他试探地打了一对 4 作为首出，果然引出农民（上）的一对 9，顺子大了，对于已经没有 9 的两个农民来说，是管不上 6 张的顺子的，两个 Q 如果可以探出 K 的分布，就可以从容地过单收尾了。

7.3 高级阶段

在整个牌局中自然而然地关注需要记的关键号码和牌张，推断大牌和组合牌的牌情，证明你已经是半个记牌高手了。进而要做的就是开始记忆各家出过的牌型和剩余的牌张数量，尤其是首出牌型，对进一步了解对手或者同伴的整体牌型结构非常重要。记住别人最后所剩牌张数目对自己判断下一步出牌也极为关键。

一、牌型分析

牌局中每个人的每一手牌都能够表达出相应的意思，这就是我们前边讲过的牌语，好的牌手不仅读懂牌语，还会像录音笔一样把这些存在记忆里,从而分析出别人的牌型结构，无异于长着一双能够透视的眼睛，直接看到别人手里的牌，看到了别人的牌就清楚了下一步如何部署，也就清楚了自己如何扬长避短取得最终的胜利。

牌例 7–6

分析：农民（下）现在处于首出位置，通过之前的行牌，他要结合各家牌张号码作出判断了。首先，地主在早期出单牌时出过单 A，对 A 在农民（上）可能性极大；其次，自己靠对 K 盖地主对 Q 进手，地主没有大对子了；第三，地主一直选择让牌，没有对王可能性很大，否则这关键时刻，一定会拆王了，不会再出让牌权，但至少持有一个王，因为同伴明显没有两个王；第四，通过计算农民（上）余下的牌张知道他

还剩四张牌，估计是两个A带两张，并且有一张王，现在自己两个对打完还剩两张单牌很难跑掉，最好是送农民(上)进手。农民(下)为了明确表明自己的态度，避免同伴误会，不敢盖上自己送出的对子，他应该出对J，同伴不盖再出对9，让同伴知道自己黔驴技穷只能接过去发挥了。如果农民（下）先出对9后出对J，农民（上）也许依然不明就里照例放过，从而丧失战败地主的唯一机会。

二、派生技巧

记牌之所以是重头戏，首先在于其最高境界就是对所有行牌过程了如指掌，其次还会派生出一些对游戏十分有益的行技巧。只有记而且记准确才可以得心应手。

1. 猜牌

根据前期行牌对牌张和牌型的记忆，猜同伴或敌方手中持有的牌型结构，以便准确地送牌或顶牌。

牌例：7–7（最下侧为地主）

分析：看一下之前的行牌，地主出过小顺子 345678 被农民（下）8910JQK 盖上；在出单牌阶段，地主出过小王、A、Q、5，农民（下）出过 A、6、4，农民（上）出过 K、J。农民（下）在上一轮出 Q，农民（上）和地主均 PASS，现在农民（下）首出对 3。考验降临到农民（上）的身上，他该如何应对将完全会影响到全局的胜负。农民（上）判断得知：通过之前地主所出的单牌知道地主没有 K；地主叫牌出过小王，一定会有一对 2；地主在农民（下）出 Q 时放过一定是还有更小单牌或小对未出，在等农民出对或小单；农民（下）有对 K，且有大王；农民（下）的牌型一定是两个对加一张小单牌和大王。基于上述判断，农民（上）必须盖上对 10 以免地主顺过小对最后对 2 进手打光余下牌张，同伴对 K 结构，这样地主管与不管都逃脱不了败局。

2. 拆牌

根据前期记忆和判断，知道外面的大组合牌张，想尽办法用单牌拆掉，扫清己方前进道路上的障碍。

牌例 7–8（最下侧为地主）

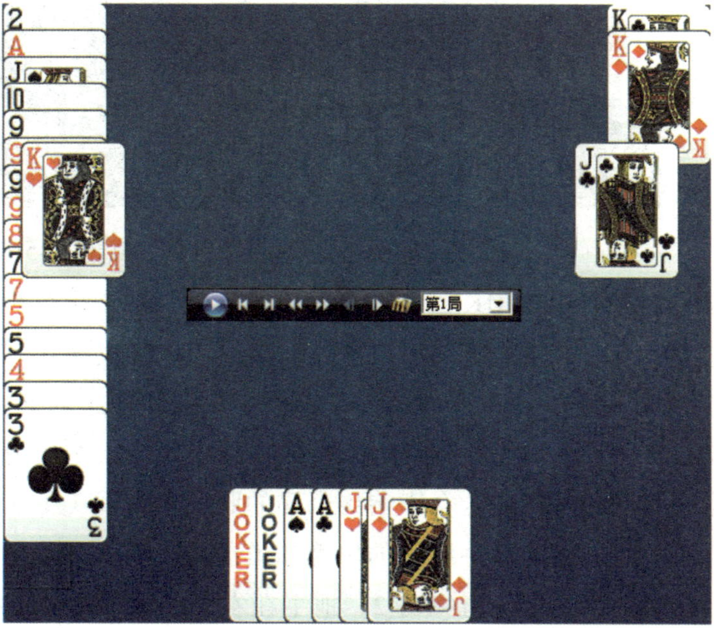

分析：农民（下）出 A，地主 PASS，现在农民（上）用 K 盖住了农民（下）的 J，地主 PASS，农民（下）PASS。现在农民（上）就要结合之前所有的行牌过程分析出地主和农民（下）的牌型结构，已决定自己下一步出牌是否能击败地主。牌张地主余 6 张，农民（下）余两张；地主余下双王，因为如果农民（下）有王就直接盖过了留一张了，且余下的牌至少是 K；地主希望赢炸所以一直没有拆对王，且他只需要过一手牌就可以赢炸，如果他手里是一对带两张单牌早就会拆掉对王进手了，大牌张数记得细早就分析得出地主余下大王小王 AAJJ，而农民（下）余下的牌是 KK。既然地主余下的都是对，那么农民（上）就只能出单牌 J 试图拆掉地主的对 A，然后 2 进手出对，如果这时地主拆掉对王盖 2，农民（上）的 9999 就派上用场了，然后出对放走农民（下）。当然对于这副牌，地主还是有办法的，就是对农民（上）的 J 说 PASS。

2. 截牌

根据前期的行牌记忆，推断出对方所剩有控牌的牌张号码，用同样号码截住，改变行牌方向，最终取得胜利。但这项技对牌型结构有要求，就是要持有同样大小的控牌，比如对方是两个 A，己方也有两个 A，在前面截住。

牌例 7-9（最下侧为地主）

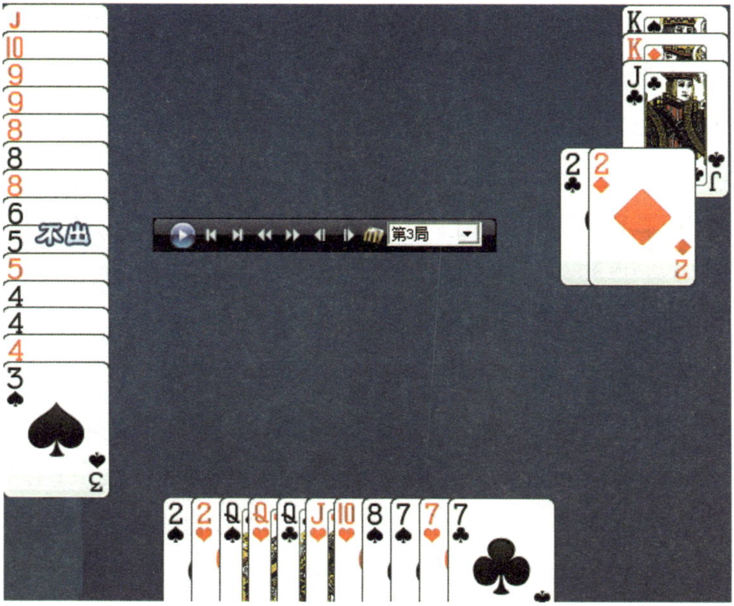

分析：地主首开小对子。两轮后，农民（下）对A进手改为单牌，交错几轮，地主用小王进手又开始出对子。农民（下）此时根据记忆分析：前期对K和四个A都以对子形式出现，而且地主两次主动进手都出对子，地主一定有两个2，同伴有大王。分析过这些之后，在地主出对6的时候，农民（下）没有过对K，而是直接上了对2，放了一张单J。农民（上）放过，地主不敢拆2，只能用Q盖过。农民（下）拆K，地主只能拆2，领出后，出了三个7带8，农民（上）三个8带3盖过，拿到牌权放单6，地主无奈过J，农民（下）轻轻地说了句再见。试想如果当时农民（下）没有用对 2 截牌而是顺过了对 K，那现在满脸愁容的就不是地主了。

三、误区

我们讲记牌，鼓励记牌，就是为了让这种技巧可以帮助我们在整体牌局中更加准确地判断和顺畅地行牌，在一些复杂的行牌体系中打出精彩，减少失误，但这并不代表记死牌，完全忠于记忆的行为是记牌领域里的一个误区。

牌例 7-10（最下侧为地主）

分析：地主最后一张大牌是否需要斩钉截铁地盖上呢？地主还并没有能解除9炸弹存在的警报，但他通过之前的行牌过程知道J和7外面都已经没有了，而且还有三个2飘在外面。地主深知自己不可能现在忍让，等待对A成为进手机会；或者，在对A被盖上后农民还能好心地给自己一个单牌进手的机会。是否有炸弹对于这幅牌已经无关紧要，地主必须勇往直前，在绝境中闯出一条生路。

第8章

精彩牌局

到现在我们所有的观点都论述完了，我想大家可能觉得文字理论比较直观，牌例看起来稍显费劲。没有关系，我告诉大家一个办法，就是拿一副牌，按牌例的结构摆出来，慢慢结合分析和理论去逐步学习掌握。当你觉得牌例已经很浅显、很简单，当你边摆牌边自言自语："这个地主真够笨的，明明能赢怎么输了；这个农民脑子进水了吗，怎么能这么出牌呢？"那么你就已经向高手靠近了。另外还要提醒大家，阅读牌例的时候，一定要把你当成其中的一分子，而不是看成三明手的代言人，因为看着牌，谁都是高手，只有置身于牌桌的某一方，才能明白什么是真正的高深莫测。

本章我们列举两个经典牌例，一个是地主全方位的控制，一个是农民八面玲珑的反攻，供大家参考。

牌例 8–1–1（右侧为地主）

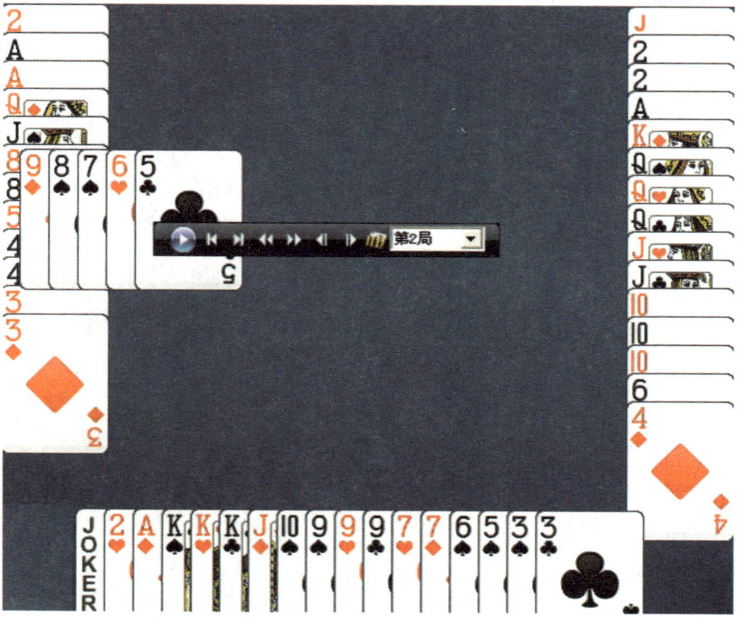

分析：看整体牌的实力地主颇为强劲，但是要想突破两个农民的防线也不是很容易。首开 45678，先勘测断张 9 的分布，农民（下）的 56789 盖上，同时也给地主吃了个小定心丸，9 没有成为炸弹。拿到牌权后，农民（下）不敢乱出，出单 5，试探情况。农民（上）顶 A，地主放过。因为地主只开过一手牌，处在隐蔽位置，所以两个农民很谨慎，没人敢随便改变牌型，此时看到地主让牌，更是只能攻击单牌。农民（上）继续出 J，地主拆顺子过 K。地主的计划显而易见，要做大两个三带，争取在大王或者对 2 的两个牌权里，加速跑掉。农民（下）盖 2，继续出单牌 J，农民（上）放过，地主盖 A，农民（下）盖 2，拿到牌权，领出单牌 10。地主这个时候选择拆 J，目的是能看到 K，只要看到一个 K，他的两个三带就可以畅通无阻。巧的是农民（下）用 Q 盖住，从而掩护了同伴的 K，地主让牌，农民（下）出单牌 4。牌行到此，大家可以感觉到，这三个人的实力都很强，尤其是记牌实力，他们对彼此的牌都能心知肚明，一直在想尽办法破掉对方的武功。地主可以赢，从哪个方位看都可以赢牌，可他并不知道两个农民的牌完全都是自己的囊中之物，而且 3 还没见，只能耐心地周旋着。农民（上）不能轻易顶牌了，他也知道自己的三个 K 此时是最有杀伤力的武器，便顺过了 6，地主再出一个 J，由此暴露了自己的牌型基本为对子和三带。农民（下）应该拆 A。前期行牌应该明显看出已经出过单 K 的地主又拆了两个 J，那么同伴手中一定存有三个

K，自己手里的对 A 拆单才会实现牌张价值，可惜他保守了，浪费了同伴的小王价值。农民（上）无奈地盖上小王，被地主大王吃掉。地主这个时候依然没有冒进，其实打三带一就可以结束战斗了，对方明显已经没有实力，他还是谨慎地打了一个单 6，如下图：

牌例 8-1-2（右侧为地主）

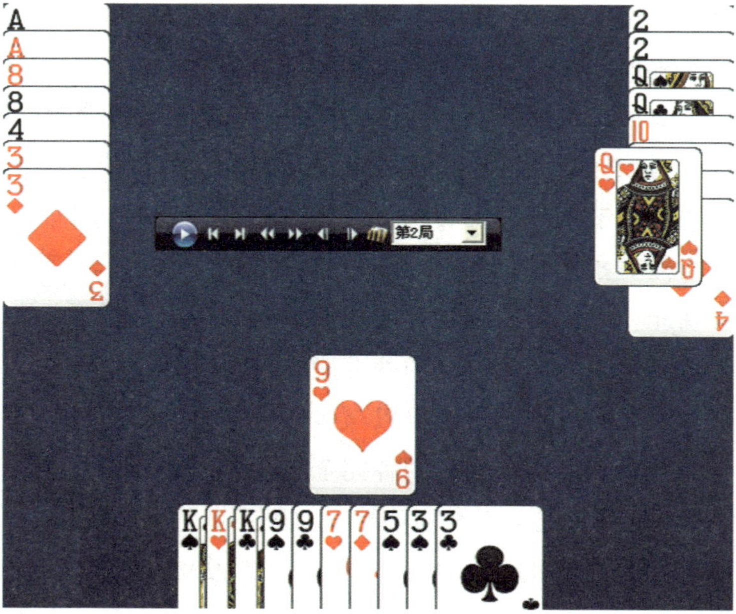

分析：农民（上）拆了 9，地主拆了 Q，这个时候农民（下）拆了 A，但是为时已晚。地主盖 2，再打单 4，回 2，此时只能赌四个 3 不成炸，否则就会断送胜利。全局地主控制得很缜密，对牌张分布明显了如指掌，两个农民也发挥出色，只是在关键的时候，农民（下）的 A 没有发挥好作用，否则牌局会更加经典。

牌例 8-2-1（左侧为地主）

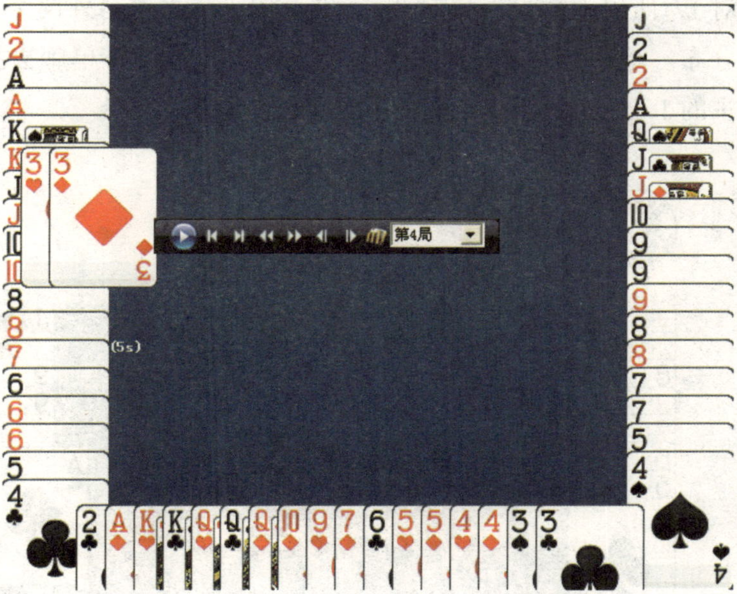

分析： 地主牌型通体为对子，开牌老老实实开一对 3。农民（下）很快判断地主的牌型以对子为主，否则不会开最小对，他顶出一对 K，想迅速拿到牌权，打出连对，改变行牌倒向。地主没有示弱，直接盖了对 A。聪明的农民（上）选择让牌，开局对 2 这一至高控制权留守观望是正确选择。

地主出对 6，农民（下）让牌，农民（上）过对 8，地主过对 10，农民（下）拆了三个 Q。这手无疑是个失误，农民（上）并没有表示出对子势弱，而且四个 J 均没有见，自己的 Q 拆得有点着急。地主对 K 盖过。农民（下）看地主的牌张越来越少，这手牌权不能再放了，直接对 2 压死。由于地主一直在打对子，又根据同伴的出牌，农民（上）知道地主还有一对 J，所以他并没有打对 7，而是打 Q，想看看另外两个 2 的分布。地主盖 2，农民（上）小王压上，继续打单牌去拆地主的 J。地主上当了，真的拆了 J，如下图：

牌例 8-2-2（左侧为地主）

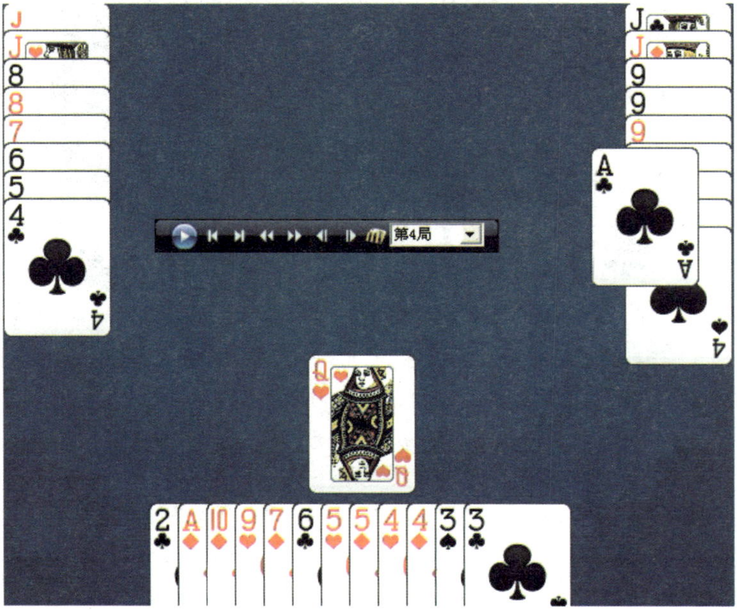

分析：农民（下）盖 Q，此时农民（上）果断地上 A，因为他知道另一个 2 一定在同伴那儿，而且一直打对子的地主手里一定有单牌未过，所以直接出 A，拿到牌权，打出自己做大的三个 9、一对 J、一对 7，用他深厚的功力掩盖了同伴的失误，取得了宝贵的胜利。

第 9 章

娱乐残局

讲了地主又讲农民，讲了基本技术又讲高深功力，一本书下来，写的人累了，看的人可能更累。这章我们讲几个娱乐残局，纯属开发智力，与基本理论不做联系，欢迎广大牌手研发出更有意思的答案。

残局大多是哗众取宠的特定牌例。一是多为假设一家农民没有任何防御能力，也就是只有两家出牌，当然这样是为了使牌局看起来更加简单易于判断；二是需要设定特殊的条件，而这些条件往往和斗地主本身的规则不完全一致，目的也是为了使出牌增加难度和可观赏性。在江湖上，摆摊设局者称这些牌局无论选择哪一方都不会赢。显然这是一个悖论，潜在的附加条件是出错了都不会赢，因为残局的特殊性使得大部分人在短时间内都无法选择出完全正确的步骤，而且正确步骤是唯一的，错一步就满盘皆输。实际上，这些牌局一定有一方是肯定赢的，前提当然也是双方都不出错。

虽然是哗众取宠，但残局中涉及的出牌思路和技巧也都是可以学习和借鉴的，其巧妙之处也彰显了扑克运动的美，也能够让大家看到其迸发出的智慧火花。

本章牌例最下侧为地主。

残局一

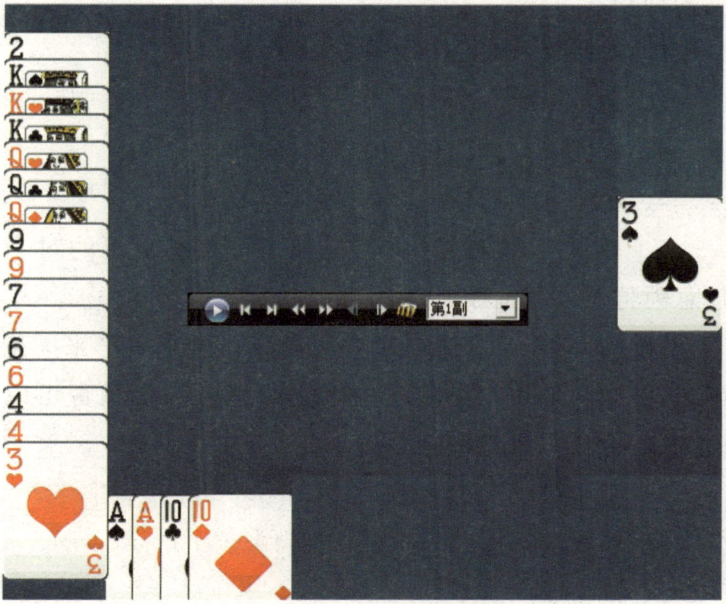

农民：2KKKQQQ997766443

地主：AA1010

农民：3

设定条件：地主上家的农民先出，不允许三带一

地主剩下的牌不多了，但是能阻止农民能顺利跑出去吗？大家可以自己拿出牌来摆一摆，就会发现好像难度挺大的。我们看得出，农民是一定不能先出对子，出对一定是自取灭亡，而出单牌努力去把地主的对 A 拆掉是唯一的

正确打法。下面我们按照以上思路一步步按正常出牌顺序复盘，演示出不同的可能性，来看看地主是否能阻挡住农民的冲锋。

1、农民 3（2KKKQQQ99776644）

2、地主 10（AA10）

3、农民 K（2KKQQQ99776644）

4、地主 A（A10）

5、农民 2（KKQQQ99776644），农民余下的对子可以任意驰骋了，地主败

地主如果第二步出 A，农民盖住，地主接下来无论怎么出也是必输无疑。看来地主只能调整第四步是否可以考虑 PASS，我们从第 4 步继续。

4、地主 PASS（AA10）

5、农民 4（2KKKQQQ9977664）

6、地主 10（AA）

7、农民 K（2KKQQQ9977664）

8、地主 A（A）

9、农民 2（KKQQQ9977664），余下的牌农民就可以以对子收尾了

我们可以看出地主好像没有什么办法了！不，以退为攻，地主完全可以对农民的一张小 3 无动于衷，让我们继续展示牌局。

1、农民 3（2KKKQQQ99776644）

2、地主 PASS（AA1010）

3、农民 4（2KKKQQQ9977664）

4、地主 10（AA10）

5、农民 K（2KKQQQ9977664）

6.1、地主 A（A10）

7、农民 2（KKQQQ9977664），地主败

6.2、地主 PASS

7、农民 4（2KKQQQ997766）

8、地主 10（AA）

9、农民 Q（2KKQQ997766）

10.1、地主 A（A）

11、农民 2（KKQQQ997766），地主败

10.2、地主 PASS（AA）

11、农民继续单张直到地主拆对 A 后出 2 盖上打对，地主败

难道地主真的没有办法了吗？换一个思路，杀鸡就要用牛刀，地主第四步换为直接出 A，我们从第四步继续。

4、地主 A（A1010）

5.1、现在农民陷入僵局了

5.11、农民 2（KKKQQQ9977664）

5.12、地主 PASS（A1010）

5.13、农民对 6（KKKQQQ99774）

5.14、地主对 10（A）

5.15、农民对 K（KQQQ9977664）

5.16、地主 PASS

但现在农民还有两张单牌 K 和 4，败局已定。

5.2、农民换个打法

5.21、农民 PASS（2KKKQQQ9977664）

5.22、地主 1010（A）

5.23、农民 KK（2KQQQ9977664）

农民还是有两张单牌 K 和 4 跑不出去。

仔细分析，可以看出农民有一张看似大牌的 K 最后成了累赘。显然第 3 步农民不该出 4，我们必须先把那个输张 K 跑出去，农民从第 3 步继续。

3、农民 K（2KKQQQ99776644）

4、地主 PASS

5、农民 4（2KKQQQ9977664）

6、地主 10（AA10）

7、农民 K（2KQQQ9977664）

8、地主 A（A10）

9、农民 2（KQQQ9977664）

农民又回到刚才出现的剩余 2 张单牌的情形，看来第七步出 K 是错的，回到第 7 步改出 Q。

7、农民 Q（2KKQQ9977664）

8、地主 pass（AA10）

9、农民 4（2KKQQ997766）

10、地主 PASS，地主如果这时候盖上 10 或者拆对 A 都是必输的

下面演示一下：

10.1、地主 10（AA）

10.2、农民 K

10.3、地主 A（A）

10.4、农民 2（KKQQ997766）余下的牌农民继续出对

地主如果在 10.3 步不盖是否有机会呢？

10.3、地主 PASS（AA）

10.4、农民 6（2KKQQ99776）

10.5、地主 A（A）

10.6、农民 2（KKQQ99776）之后出对完成任务

10.4 时地主如果 PASS，农民就一张张出好了。所以第 10 步地主必须 PASS，现在从第十步继续。

10、地主 PASS

11、农民 6（2KKQQ99776）

12、地主 10（AA）

13、农民 K（2KQQ99776）

14、地主 A（A）

15、农民 2（KQQ99776）农民又剩下两张单牌了，看来无法完成任务了

我们再看一下农民在第十一步出掉一张倒霉的单牌 K 会如何呢？

11、农民 K（2KQQ997766）

12、地主 PASS（AA10）

13、农民 6（2KQQ99776）

14、地主 10（AA）

15、农民 K（2QQ997766）

16.1、地主 A（A）

17、农民 2（2QQ997766）

16.2、地主 PASS（AA）

17、农民继续出单张，地主无论什么时候拆掉对 A 都是输

显然地主还是没有记住刚才的教训，没有使用牛刀来对付农民的一张小 6，我们重复第十四步。

14、地主 A（A10）

15、农民 2（KQQ99776）

农民又陷入余下两张单牌 K 和 6 的境地，地主完胜。

这副牌本身真实出现的概率并不大，但回忆一下，这副牌我们可以看到许多出乎我们想象的出牌方式，比如为什么要对一张小 3 喊 PASS、为什么要拆对 A 而不是对 10 去管一张 4。作为农民在出完 3 的时候需要考虑的是几步之后的牌型和局面，这也要求对对手的牌了如指掌，这是通过记牌可以做到的，再对对手的应牌后可能发生的各种局面变化心知肚明，也就是说要算到几步之后的情形。作为地主也是一样，首先要知道对手的牌，其次要知道自己如何才能取胜，第三要对对手应对后的若干步有先见之明。这幅牌中地主要掌握赢的方法就是在农民最大牌张 2 进手后要保留农民两张单牌。掌握了这个要点，余下的事情就是决定在哪手牌盖哪手牌放过了，而地主放过农民的第一张 3 只是迈向胜利的第一步。如果不懂得收放自如则会毫无机会。这也是这项扑克运动的内在哲学。

残局二

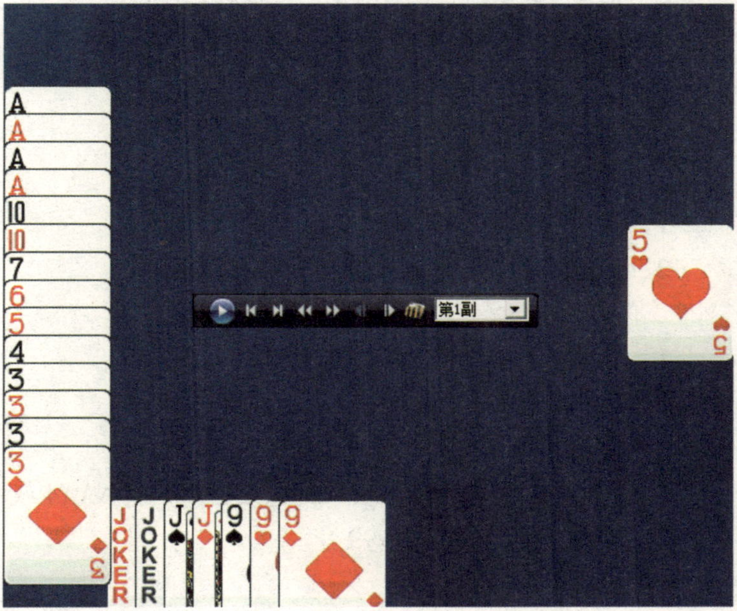

农民：AAAA101076543333

地主：大王小王 JJ999

农民：5

设定条件：地主上家的农民先出，不允许三带二

农民两个炸弹，地主一对王炸弹，地主能涉险过关吗？农民的常规出法大家可以自己试一试。

例如：

（一）

1、农民 34567（AAAA1010333）

2、地主 PASS（大王小王 JJ999）
3、农民 10333（AAAA10）
4、地主 J999（大王小王 J），显然农民败

（二）

1、农民 1010（AAAA76543333）
2、地主 JJ（大王小王 999），显然农民败

（三）

1、农民 10 或任意一张比 10 小的单牌
2、地主 J（大王小王 J999），显然农民败

（四）

1、农民 4333（AAAA1010765）
2、地主 J999（大王小王 J），显然农民败

（五）

1、农民 AAAA 或 AAA 或 AA 或 AAAA45 或 AAA4 或 3333
2、地主大王小王（JJ999）
3、农民 PASS
4、地主 J999（J），地主均能胜出

（六）

1、农民 543333（AAAA101076）
2、地主 PASS(大王小王 JJ999）
3.1、农民出非 A 的单牌或对 10
4、地主跟牌，之后无论农民出什么都出大、小王，地主胜出
3.2、农民 A（AAA101076）
4、地主 PASS（大王小王 JJ999）
5、农民出任何牌

6、地主大王小王（JJ999）

7、农民 PASS

8、地主 J999（J），地主胜出

3.3、农民出其他任何牌

4、地主大王小王

5、农民 PASS

6、地主 J999，地主胜出

在残局中想赢必须短时间内反复穷尽各种出牌方式，找出唯一正确的打法，以上尝试了几乎所有农民可能首出的牌张，都无济于事。在本局中农民最后一种出法是出 A。让我们来展示牌局，并努力拦住农民前进的脚步。

（一）

1、农民 A（AAA101076543333）

2、地主 PASS（大王小王 JJ999）

3、农民 34567（AAA1010333）

4.1、地主大王小王（JJ999）

5、农民 PASS（AAA101076543333）

6、地主 J999（J），如果这步地主出单张显然也敌不过 3 张 A 在手的农民

7、农民 AAA10（10333）地主败

4.2、地主 PASS

5、农民 10333（AAA10），地主这时无论是用炸弹还是 J999 都是难逃失败命运。

显然这副牌不是靠忍让就能过关的。

（二）

1、农民 A（AAA101076543333）

2、地主大王小王（JJ999）

3、农民 PASS（AAA101076543333）

4.1、地主 J（J999）

5、农民 A（AA101076543333），之后出完对子 AA1010 出三带一，地主败

4.2、地主 J999（J）

5、农民 AAA10（1076543333），之后顺子 34567 和三带一 10333，地主败

演示至此可以看出，保留一对王成为炸弹形成翻倍的局面已经没有可能了，地主要想赢就不能贪心，拆掉大小王是唯一的选择。我们重新开始展示。

1、农民 A（AAA101076543333）

2、地主大王（小王 JJ999）

3、农民 PASS（AAA101076543333）

4.1、地主 J999（小王 J）

5、农民 AAA10（1076543333）

6、地主 PASS（小王 J）

7、农民 34567，继续 10333，地主败

4.2、地主 JJ（小王 999）

5、农民 AA（A101076543333）

6、地主 pass（小王 999）

7、农民 1010，之后农民出 34567，再出 A333，地主败

4.3、地主 999(小王 JJ)

5、农民 AAA（101076543333）

6、地主 PASS(小王 JJ)

7、农民 34567，之后农民出 10333，再出 10，地主败

难道就没有办法了吗？

就像在我们选择农民如何攻出第一张牌那样，穷尽各种可能，也许某一种可能就完全不在我们正常的思考范围之内，也一样要把它搜罗出来。

还有最后一个选择，在第四步地主拆掉对 J，出单 J！

1、农民 A（AAA101076543333）

2、地主大王（小王 JJ999）

3、农民 PASS（AAA101076543333）

4、地主 J（小王 J999）

5.1、农民 PASS（AAA101076543333）

6、地主 J（小王 J999）

7、农民 3333（AAA10107654），这时农民的单牌再也跑不出去了，地主胜

5.2、农民 3333（AAA10107654），农民的单牌依旧再也跑不出去了，地主胜

5.3、农民 A（AA101076543333）

6、地主小王（J999）

7、农民 3333（AA10107654）

8、地主 PASS（J999）

9、农民余下的牌 AA10107654 中有六张 10107654 小于地主的四张牌 J999，大家就不难看出地主已经胜出了

不能想当然认为某种出牌方式就是错的，不能为自己设定好一个条条框框，事实表明这些条条框框就是束缚自己最重的枷锁。本例给大家的启发就是：全局考虑；发散思维。

残局三

地主：大王 2AQQQQ5566667710

农民：小王 222KK8888

农民：5

设定条件：地主先出，不允许三带二、四带二对

农民牌力不弱，但地主还是有机会跑掉，而且是在农民不出错的前提下。现在读者可以自己发挥想象力，利用在书中学到的方式试着解一下本题吧。